“十三五”国家重点图书出版规划项目

赵智奎 主编

我们的
核心价值观

| 社会篇 |

郑 建 著

黄山书社

图书在版编目(CIP)数据

我们的核心价值观·社会篇/赵智奎主编.郑建著.—合肥:黄山书社,2016.12

ISBN 978-7-5461-6006-1

Ⅰ.①我… Ⅱ.①赵… ②郑… Ⅲ.①社会主义建设-价值论-中国-通俗读物 Ⅳ.①D616-49

中国版本图书馆CIP数据核字(2017)第000281号

我们的核心价值观·社会篇
WOMEN DE HEXIN JIAZHIGUAN SHEHUI PIAN

赵智奎 主编 郑建 著

出品人 王晓光
策　划 马　磊　高　杨
责任编辑 徐娟娟
责任印制 李　磊
装帧设计 观止堂_刘俊
出版发行 时代出版传媒股份有限公司(http://www.press-mart.com)
黄山书社(http://www.hspress.cn)
官方直营书店(http://hsssbook.taobao.com)
营销部电话:0551-63533768　63533788
(合肥市蜀山区翡翠路1118号出版传媒广场7层　邮编:230071)
经　销 新华书店
印　制 安徽国文彩印有限公司

开本 880×1230 1/32　印张 7.25　字数 150千字
版次 2016年12月第1版　2016年12月第1次印刷
书号 ISBN 978-7-5461-6006-1　定价 26.00元

总　序

赵智奎

党的十八大以来，以习近平同志为核心的党中央，站在新的历史起点上科学把握时代大趋势，在治国理政的实践中，团结带领全国各族人民，紧紧围绕实现“两个一百年”奋斗目标和中华民族伟大复兴的中国梦，提出了一系列新观点、新论断、新要求，开辟了治国理政新境界，开创了党和国家事业发展新局面，形成一系列治国理政的新理念新思想新战略，丰富和发展了中国特色社会主义。

习近平总书记系列重要讲话形成了系统完整的思想理论体系，是中国特色社会主义理论体系最新成果，是马克思主义中国化最新成果。习近平总书记以 21 世纪中国马克思主义创新的巨大理论勇气，科学地回答了新一代马克思主义者面对的时代课题与实践挑战，以实现中华民族伟大复兴为居于引领地位的宏伟奋斗目标和凝聚 13 亿多中国人民的共同梦想，在中国特色社会主义的必由之路上，协调推进“四个全面”战略布局，牢固树立“五大发展”

理念，统筹推进政治、经济、文化、社会、生态文明五位一体建设，发展和创新马克思主义及中国特色社会主义，升华了马克思主义发展新境界，续写了中国特色社会主义事业新篇章。

呈现在读者面前的《我们的核心价值观》丛书，就是在上述背景下撰写和推出的。这是努力以习近平总书记的系列重要讲话精神为指导，尽力结合以习近平同志为核心的党中央治国理政新理念新思想新战略，试图以通俗的方式阐述社会主义核心价值观的丛书，分《总论篇》《国家篇》《社会篇》《公民篇》四册来解读。我们希望在思想理论界以往的社会主义核心价值体系研究、社会主义核心价值观研究的基础上，结合十八大以来新的发展形势，写出一些新意。

我们看到，党的十八大以来，党中央高度重视培育和践行社会主义核心价值观。习近平总书记多次作出重要论述、提出明确要求。中共中央政治局围绕培育和弘扬社会主义核心价值观、弘扬中华传统美德进行集体学习。中共中央办公厅下发《关于培育和践行社会主义核心价值观的意见》，中共中央办公厅、国务院办公厅还联合印发了《关于进一步把社会主义核心价值观融入法治建设的指导意见》。党中央的高度重视和有力部署，为加强社会主义核心价值观教育实践提供了遵循依据，指明了努力方向。

社会主义核心价值观是习近平总书记系列重要讲话的重要内容，是以习近平同志为核心的党中央治国理政的重要内容。培育和践行社会主义核心价值观，用社会主义核心价值观凝心聚力，正在成为我们时代的文化最强音。

社会主义核心价值观是党的十八大提出的，即富强、民主、文明、和谐，自由、平等、公正、法治，爱国、敬业、诚信、友善。这24个字把涉及国家、社会、公民三个层面的价值要求融为一体，全面呈现了我们的国家、我们的社会、我们的公民应有的精神面貌与内在气质。

要把社会主义核心价值观内化于心、外化于行，就必须将习近平总书记关于社会主义核心价值观的一系列重要论述，贯彻到我们的工作与生活中去。

社会主义核心价值观与我们每个人的道德修养紧密相关。习近平总书记在2013年全国宣传思想工作会议上的讲话中指出："要加强社会主义核心价值体系建设，积极培育和践行社会主义核心价值观，全面提高公民道德素质，培育知荣辱、讲正气、作奉献、促和谐的良好风尚。"他还于2013年在山东考察时指出："国无德不兴，人无德不立。必须加强全社会的思想道德建设，激发人们形成善良的道德意愿、道德情感，培育正确的道德判断和道德责任，提高道德实践能力尤其是自觉践行能力，引导人们向往和追求讲道德、尊道德、守道德的生活，形成向上的力量、向善的力量。只要中华民族一代接着一代追求美好崇高的道德境界,我们的民族就永远充满希望。”

社会主义核心价值观体现当代中国人对世界的精神贡献。2013 年 12 月,习近平总书记在中共中央政治局第十二次集体学习时的讲话中指出:“当代中国价值观念,就是中国特色社会主义价值观念,代表了中国先进文化的前进方向。我国成功走出了一条中国特色社会主义道路,实践证明我们的道路、理论体系、制度是成功的。要加强提炼和阐释,拓展对外传播平台和载体,把当代中国价值观念贯穿于国际交流和传播方方面面。中国梦的宣传和阐释,要与当代中国价值观念紧密结合起来。中国梦意味着中国人民和中华民族的价值体认和价值追求,意味着全面建成小康社会、实现中华民族伟大复兴,意味着每一个人都能在为中国梦的奋斗中实现自己的梦想,意味着中华民族团结奋斗的最大公约数,意味着中华民族为人类和平与发展作出更大贡献的真诚意愿。”

社会主义核心价值观是当代中国文化软实力的核心体现。2014 年 2 月,习近平总书记在中共中央政治局第十三次集体学习时的讲话中指出:“核心价值观是文化软实力的灵魂、文化软实力建设的重点。这是决定文化性质和方向的最深层次要素。一个国家的文化软实力,从根本上说,取决于其核心价值观的生命力、凝聚力、感召力。培育和弘扬核心价值观，有效整合社会意识，是社会系统得以正常运转、社会秩序得以有效维护的重要途径，也是国家治理体系和治理能力的重要方面。历史和现实都表明，构建具有强大感召力的核心价值观，关系社会和谐稳定，关系国家长治久安。”

社会主义核心价值观具有深厚的中华优秀传统文化根基。正如习近平总书记2013年3月在十二届全国人大一次会议闭幕会上的讲话中所指出的：“中华民族具有5000多年连绵不断的文明历史，创造了博大精深的中华文化，为人类文明进步作出了不可磨灭的贡献。经过几千年的沧桑岁月，把我国56个民族、13亿多人紧紧凝聚在一起的，是我们共同经历的非凡奋斗，是我们共同创造的美好家园，是我们共同培育的民族精神，而贯穿其中的、最重要的是我们共同坚守的理想信念。”在2014年2月中央政治局第十三次集体学习时，习近平总书记谆谆告诫我们：“培育和弘扬社会主义核心价值观必须立足中华优秀传统文化。牢固的核心价值观，都有其固有的根本。抛弃传统、丢掉根本，就等于割断了自己的精神命脉。博大精深的中华优秀传统文化是我们在世界文化激荡中站稳脚跟的根基。中华文化源远流长，积淀着中华民族最深层的精神追求，代表着中华民族独特的精神标识，为中华民族生生不息、发展壮大提供了丰厚滋养。中华传统美德是中华文化精髓，蕴含着丰富的思想道德资源。不忘本来才能开辟未来，善于继承才能更好创新。对历史文化特别是先人传承下来的价值理念和道德规范，要坚持古为今用、推陈出新，有鉴别地加以对待，有扬弃地予以继承，努力用中华民族创造的一切精神财富来以文化人、以文育人。要讲清楚中华优秀传统文化的历史渊源、发展脉络、基本走向，讲清楚中华文化的独特创造、价值理念、鲜明特色，增强文化自信和价值观自信。要认真汲取中华优秀传统文化的思想精华和道德精髓，大力弘扬以爱国主义为核心的民族精神和以改革创新为核心的时代精神，深入挖掘和阐发中华优秀传统文化讲仁爱、重民本、守诚信、崇正义、尚和合、求大同的时代价值，使中华优秀传统文化成为涵养社会主义核心价值观的重要源泉。要处理好继承和创造性发展的关系，重点做好创造性转化和创新性发展。"

社会主义核心价值观必将成为中国人民屹立于世界民族之林的文化标识。2014 年 2 月，在省部级主要领导学习贯彻十八届三中全会精神全面深化改革专题研讨班开班式上的讲话中，习近平总书记说："要大力培育和弘扬社会主义核心价值体系和核心价值观，加快构建充分反映中国特色、民族特性、时代特征的价值体系。坚守我们的价值体系，坚守我们的核心价值观，必须发挥文化的作用。民族文化是一个民族区别于其他民族的独特标识。要加强对中华优秀传统文化的挖掘和阐发，努力实现中华传统美德的创造性转化、创新性发展，把跨越时空、超越国度、富有永恒魅力、具有当代价值的文化精神弘扬起来，把继承优秀传统文化又弘扬时代精神、立足本国又面向世界的当代中国文化创新成果传播出去。只要中华民族一代接着一代追求美好崇高的道德境界，我们的民族就永远充满希望。”

遵循和响应党中央、习近平总书记的部署和号召，中国大地上兴起了培育和践行社会主义核心价值观的热潮；社会主义核心价值观建设朝着全方位推进、全领域覆盖发展，成为巩固全党全国各族人民团结奋斗的共同思想基础。

本丛书特别强调，社会主义核心价值观是“我们的核心价值观”，并以此为本丛书名称。这是为什么呢？

众所周知，马克思主义价值观，是建立在科学的实践观基础之上的，认为实践的观点乃是理解各种价值现象的钥匙。在阶级社会，人们的价值标准或价值规范受其阶级地位的规定和影响。不同阶级的需要、利益、兴趣、愿望往往不同，甚至彼此对立。对于是非、善恶、美丑等，也有不同的评价标准。

从实践的观点出发，一定时代的人们的价值标准，总是植根于当时人们生活的物质条件，必然受当时社会历史条件的制约，总要打上相应时代的历史印记。因此，价值观在本质上是一个社会历史范畴，不存在永恒不变的价值标准和价值体系。马克思主义哲学反对任何在价值上超越历史的观点，对任何社会现象的评价都不能离开当时的历史条件。

同时，我们也要认识到，任何价值观都是从属于世界观的。换言之，有不同的世界观，其价值观也必然不同。对于共产主义者来说，实现无产阶级和全人类的解放即实现共产主义，是他们的全部社会活动所追求的最高价值。需要认识到，核心价值观并不是简单地在价值观前面加上"核心"二字而已。核心价值观应该是一种思想共识。这种思想共识是在最一般和最高层面上形成的，是一个阶级和政党、国家在最基本问题上的共识。习近平总书记说，核心价值观承载着一个民族、一个国家的精神追求和最高境界，就说明了这个道理。

中国改革开放向纵深发展的今天，社会主义核心价值观的提出，正是承载着中华民族、中国的精神追求和最高境界，代表着现代中华民族之魂，是彰显中华民族之魂的重要标志。

我们认为，富强、民主、文明、和谐，自由、平等、公正、法治，爱国、敬业、诚信、友善，从国家、社会、公民三个层面，成为统摄中华民族精神世界的国家之魂、社会之魂、公民之魂，是中华民族精神世界丰富和发展的需要，是中国改革开放向纵深发展对精神文明建设提出的新要求，是现实的需要，是发展大势的需要。归根结底，是一种客观世界的需要，也是主观世界的需要。这也就是说，社会主义核心价值观成为中华民族之“魂”，是现实的、可能的，是正逢其时的。

事实上，中国共产党作为执政党提出的三个倡导，即在三个层面（国家、社会、公民）上提出倡导和主张，不仅表明了执政党的决心，也是中国共产党代表先进文化的前进方向的具体体现。这三个倡导，完全符合中国共产党的纲领。这三个倡导，有如三面镜子。现实生活中，国家、社会和公民，都离不开镜子，都要照镜子。在三面镜子前，中国共产党人和广大人民群众，每天都要照镜子，要认真对照、反省自己是否遵循了核心价值观。

从国家层面看这面镜子，就是要时刻对比和反思，我们的国家是否正朝着实现“两个一百年”奋斗目标和中华民族伟大复兴中国梦的社会主义现代化的方向前进，能否真正成为富强、民主、文明、和谐的社会主义现代化强国。此后，还要向新的目标继续前进。

从社会层面看这面镜子，就是要对现实社会作出分析和考量，看看我们的社会距离自由、平等、公正、法治还有没有距离，如何不断缩短这一距离，达到和实现社会主义条件下的自由、平等、公正、法治。

从公民层面看这面镜子，就是要不断提高公民的整体思想素质，看看中华民族的精神状态是什么，是否真正达到了爱国、敬业、诚信、友善，并能够在实际行动中充分表现出来。

这三面镜子要经常照，反复照，时照时新，而且越照越有信心和动力。照镜子的过程，是思想自我更新、不断升华的过程。同时，在照镜子的过程中，还要经常擦拭这三面镜子，使镜子更明亮，更清晰，从而使镜子和照镜者融合在一起，实现主体和客体相统一的最高境界。

我们的核心价值观，是在中国独特的文化传统、独特的历史命运、独特的基本国情的基础上构建起来的，绝不是照抄和照搬西方资本主义世界的主流价值观。从这个意义上说，我们的核心价值观，属于中国，属于中国人民，具有中国特色，不同于西方，更不是对西方“普世价值”的拷贝和翻版。中国和西方是有一些共同的价值观，可以相互借鉴并交相辉映，但是用西方国家的价值观来取代中国的核心价值观，是不可取的，也是不能接受的。从另一个角度说，世界的文明发展是多元的，也是多彩的；东方文明从历史上看，对世界文明发展作出了独特的贡献，是不可或缺的。因而，把西方一些价值观捧得过高，说成是“普世价值”，是不符合世界历史发展事实的。

这也就是说，我们的核心价值观，是社会主义的核心价值观，它姓“社”不姓“资”、姓“中”不姓“西”，这都是从本质上对核心价值观的表述和判断。这就是核心价值观的“品格”。社会主义核心价值观的品格，从姓“中”不姓“西”的意义上来讲，它们是对中华民族优秀传统文化的继承和发展，传承着传统文化的精华。这一品格的彰显，具有核心价值观独特的魅力。

我们还应认识到，我们的核心价值观属于中华各民族。具体来说，社会主义核心价值观不是某一个单一民族的价值观，而是属于中华民族的每一个民族，是 56 个民族共同的价值观。对此问题，理论界较少论及。我们认为，讲我们的核心价值观，把这个问题说清楚，具有重大的现实意义。

自古以来，中国就是一个多民族的国家。从文化传统来说，中华民族文化的多样性与同一性，是其根本特征。中华民族文化多样性表现在两个方面：一是民族文化的多样性，56 个民族都有自己的独特传统，都有自己的文化特色；二是地域文化的多样性，中国地域辽阔，各地区均有自己的文化特色。中国共产党遵循了马克思主义民族观，也是在中华民族多元一体的思想基础上，治理这个统一的多民族国家。实行民族区域自治这一基本政治制度，体现了中国共产党在治理多民族国家中的制度创新。也正是在这一基础上，中国共产党提出了“两个共同”：共同团结奋斗，共同繁荣发展；“三个离不开”：汉族离不开少数民族，少数民族离不开汉族，各少数民族之间也互相离不开；“四个认同”：对伟大祖国、对中华民族、对中华文化、对中国特色社会主义道路认同；“五个维护”：维护社会主义民主、维护社会主义法制、维护人民群众根本利益、维护祖国统一、维护民族团结。这些政策得到了 56 个民族的赞同、支持和拥护。

无疑，社会主义核心价值观是对中华民族优秀传统文化的继承。事实上，我们还应看到，社会主义核心价值观是对中华民族优秀传统文化的超越和发展。无论从思想内容还是时代高度来看，社会主义核心价值观都远远超越了中华优秀传统文化。一是它体现了传统与现代的统一。这些关键词在传统文化中不同时期有不同的内容和意义，随着社会变迁和时代发展，特别是在社会主义社会，又有更新的内容和阐释。二是它体现了继承与超越的统一。社会主义核心价值观虽然继承了中华民族的优秀传统文化，但不是简单地照抄照搬，而是在原有思想基础上的进一步升华，显示了与时俱进和时代的超越性。三是它体现了民族性与时代性的统一。社会主义核心价值观体现了中国风格和中国气派，具有民族性；同时，它也是在世界发展的大背景下，包括借鉴西方文明成果的背景下而彰显时代性的,因而也是民族性和时代性的统一。

同时,我们也认识到,我们的价值观,是世界文明的组成部分,是对人类“共同价值”的追求和贡献。我们追求的是真正的世界大同。我们不承认凌驾于世界各国的西方“普世价值”。但是,我们认为世界各国人民在追求“真、善、美”的过程中,具有共同价值。中国人民和世界人民心连心、手挽手,追求的是人类“共同价值”,不是西方“普世价值”,这是毋庸置疑的,也是应该说清楚的。

综上所述,我们的核心价值观,是社会主义核心价值观。社会主义核心价值观的确立和践行,既是对资本主义价值观的扬弃和超越,也是社会主义文明的自我发展。

应该说,社会主义文明的自我发展,特别是中国特色社会主义精神文明建设的深入发展,决定了我们的核心价值观必须具有中国风格、中国气派,是具有中国特色的社会主义核心价值观。

我们的核心价值观,是对资本主义价值观的扬弃和超越。既然是扬弃和超越,就无可避免其中有资本主义价值观的要素和影子,例如民主、自由、公正、平等,也用了同样的词汇,但是在本质上已具有根本性的区别。我们的核心价值观,更重要的是具有中国风格、中国气派,是属于中华民族自己的核心价值观。例如和谐、敬业、诚信、友善等,这里面中国的元素占据了主要成分和内容。培育和践行社会主义核心价值观，目前在中国大地上已经形成了全覆盖的一种态势，形成一种中国气派，成为一道风景线。培育和践行社会主义核心价值观，重要的不单单是在形式上造势，而是扎扎实实落实在人们的行动中。正如习近平总书记所说，要使社会主义核心价值观像空气一样，无所不在，无处不有，无时不有。我们将始终坚持培育和践行社会主义核心价值观，成为一种“常态”，潜移默化，润物细无声，于细微处见精神，这也是一种中国风格和中国气派。

我们认为，如果说实现中国梦的实践基础是中国特色社会主义道路，理论基础是中国特色社会主义理论体系，制度基础是中国特色社会主义制度；那么，实现中国梦的主体——中华民族的精神世界，就是社会主义核心价值观。因此，树立和践行社会主义核心价值观，是时代的呼唤，执政党的倡导，民心所向！我们坚定地相信，通过培育和践行社会主义核心价值观，中国将以崭新的面貌屹立于世界的东方，中国人民也将以崭新的风姿屹立于世界民族之林，从而彰显我们的核心价值观的独特魅力！

我们的核心价值观，无愧于伟大的时代。正如2016年5月17日习近平总书记在哲学社会科学工作座谈会上的讲话中所说的：“我们不能辜负了这个时代。自古以来，我国知识分子就有‘为天地立心，为生民立命，为往圣继绝学，为万世开太平’的志向和传统。一切有理想、有抱负的哲学社会科学工作者都应该立时代之潮头、通古今之变化、发思想之先声，积极为党和人民述学立论、建言献策，担负起历史赋予的光荣使命。”而《我们的核心价值观》丛书，就是践行习近平总书记系列讲话精神的一个尝试，如是之。

目　录

导论　构建“自由、平等、公正、法治”的社会

党的十八大在提出“加强社会主义核心价值体系建设”这个总任务之下，又提出“倡导富强、民主、文明、和谐，倡导自由、平等、公正、法治，倡导爱国、敬业、诚信、友善”，把涉及国家、社会、公民三个层面的价值要求融为一体，深入回答了“我们要建设什么样的国家”“构建什么样的社会”“培育什么样的公民”的问题。

社会主义核心价值观的“三个倡导”是对社会主义核心价值体系的高度凝练，它们植根于中国特色社会主义伟大实践，体现了中国共产党对中国特色社会主义事业认识的深化和提升，是对封建主义核心价值观和资本主义核心价值观的重大超越。

在“三个倡导”中，“自由、平等、公正、法治”作为社会层面的价值准则，它们完全不同于西方“普世价值”大肆宣扬的“自由、平等、公正、法治”概念，需要科学地加以理解和对待。

在现实中，超越历史、阶级，适用于所有人的“普世价值”是不存在的，这是马克思主义的基本观点和立场。任何一个社会的核心价值观都集中体现着社会统治阶级和主体成员的价值诉求、价值目标、价值取向、价值准则，对社会的变革、发展和进步起着维系、引领和推动作用。在社会领域有一条关于核心价值观亘古不变的真理：任何社会的核心价值观都反映其社会的本质，为占统治地位的阶级服务。社会主义核心价值观亦遵循这条真理。它是中国特色社会主义上层建筑的一部分，与中国特色社会主义经济基础和政治制度相适应，是我们民族的、国家的魂之所定、行之所依。

考察党的十八大以来，以习近平同志为核心的党中央有关构建“自由、平等、公正、法治”社会的新理念、新思想、新实践，不难发现“自由、平等、公正、法治”作为社会主义制度下社会层面的价值准则，是为中国社会中广大人民谋利益的。正确认识这些新理念、新思想、新实践，有助于我们夯实关于中国特色社会主义的理想信念、增强实现“两个一百年奋斗目标”、中华民族伟大复兴的中国梦，推进中国特色社会主义事业发展的信心，加大对中国特色社会主义事业的认同感。而西方“普世价值”宣扬的“自由、平等、公正、法治”，把抽象的“共同人性”“人类本性”奉为最高价值标准，把政治价值与人性价值、理想价值与空想价值混为一谈，其目的是用抽象的人道主义和人性论作为最高价值标准来打压"国权"，从而在全世界实现资本主义的霸权和利益。因此，社会主义核心价值观倡导的"自由、平等、公正、法治"与西方"普世价值"宣扬的"自由、平等、公正、法治"具有根本的、全局性的不同。

习近平总书记曾形象地指出："当高楼大厦在我国大地上遍布林立时，中华民族精神的大厦也应该巍然耸立"，"人类社会发展的历史表明，对一个民族、一个国家来说，最持久、最深层的力量是全社会共同认可的核心价值观。"[①]核心价值观在社会发展进步中的决定性作用，决定了培育和践行社会主义核心价值观在我们实现"两个一百年奋斗目标"、中华民族伟大复兴的中国梦，推进中国特色社会主义事业发展中，是一个关系根本、影响全局、决定成败的核心问题。

因此，在推进中国特色社会主义事业发展的过程中，我们要"把培育和弘扬社会主义核心价值观作为凝魂聚气、强基固本的基础工程，创新和发扬中华优秀传统文化和传统美德，广泛开展社会主义核心价值观宣传教育，积极引导人们讲道德、尊道德、守道德，追求高尚的道德理想，不断夯实中国特色社会主义的思想道德基础"，[②]在社会层面着力于构建"自由、平等、公正、法治"的社会。

这本书作为阐释中国特色社会主义核心价值观的社

会篇，主要讲述“自由、平等、公正、法治”作为当代中国社会层面的价值导向，其内涵要义、特点及其道德价值引领作用，重点阐释十八大以来以习近平同志为核心的党中央有关构建“自由、平等、公正、法治”社会的新理念、新思想、新实践。

一、薪火相传的理想追求

欣赏、追求天地间每一件美好的事物是人类的本能特质。从群体、民族的角度来说，构筑理想中美好的人类社会，是中华民族生生不息、薪火相传的至高追求。

(一)先贤的理想主义设想

人民创造历史，理想开创未来。灿烂、辉煌的中国古代文明成果，不仅凝聚着我国古代劳动人民的智慧与汗水，也集中体现着我国古代劳动人民对理想社会的追求和对美好生活的向往。

中国是世界上少有的历史文化从未间断、一直延续至今的国家，创造过灿烂的古代文明。中国古代物质文明和精神文明丰富多彩，灿烂辉煌：天文学、数学、农学、医学等领域成就卓越，造纸术、印刷术、火药、指南针“四大发明”更是人类历史上的杰出成果；万里长城、大运河堪称世界文明史上的奇迹；思想文化领域，千百年传承下来的浩如烟海的典籍文献闪烁着博大精深的哲学思想。

回顾中国古代历史，无数先贤在咏叹祖国山河壮丽、追求个人灵魂净化和升华的基础上，对理想中的美好社会进行咏叹，借以寄托情怀。那么，在中国古代先贤心目中，美好的社会是怎样一幅愿景？或者说应该必备哪些特质呢？

展开中国文化的画卷，先秦时期有关“大同社会”的预设，集中描绘了古代文人贤士对理想社会的梦想愿景。

在《礼记·礼运篇》中，作者生动描绘了大道实行、社会祥和的理想画卷。通过作者的描绘，借由他对大道实行、太平盛世的描述，我们可以对先贤期许中的理想社会窥见一斑。作者展现给我们的大同世界，是一个敬老爱幼、人人互助友爱、无处不均匀、无人不饱暖的理想社会。

“大道之行也，天下为公，选贤与能，讲信修睦。故人不独亲其亲，不独子其子，使老有所终，壮有所用，幼有所长，矜、寡、孤、独、废疾者皆有所养，男有分，女有归。货恶其弃于地也，不必藏于己；力恶其不出于身也，不必为己。是故谋闭而不兴，盗窃乱贼而不作，故外户而不闭，是谓大同。”

《礼记·礼运篇》中的这段话翻译成白话就是：大道实行的时代，社会一片祥和。天下是公共的，大家推选有道德、有才能的人为领导，彼此之间讲究信誉，相处和睦。因此，人们不单奉养自己的父母，不单抚育自己的子女，社会中的老年人都能安度晚年，壮年人都有工作可做，幼童都能健康成长，丧偶、孤独、残疾有病的弱势群体，都能得到社会的照顾。社会中人人都各有分工。对于财物，人们不会浪费它，也不私藏到家里；至于劳动，人们生怕干活的不是自己，而干的活倒不一定是为了自己。因此，在这样的社会里，钩心斗角的事儿不会发生，明抢、暗偷、作乱害人的现象绝迹。所以，各家各户都不用关门。这就叫“大同社会”。

用现代的眼光来审视，这种彰显理想主义特质的大同社会必须具备以下基本特征：全民公有的社会制度、选贤与能的管理体制、讲信修睦的人际关系、人人各得其所的社会保障、人人为公的社会道德、各尽其用和各尽其力的劳动态度。用形而上的思维来考量此理想社会，支撑、引领它的社会核心价值观必然包含：自由、平等、公正。

中国文化史上，另一则描述理想社会的文学名篇，当属东晋著名文人陶渊明的《桃花源记》。陶渊明在《桃花源记》中，借武陵地区（今武陵山区或湖南常德一带）的一个捕鱼人，迷路误闯世外理想社会这一线索，通过对独立于现实之外的一个安宁、祥和、自由、平等的美好社会的描绘，借助理想映射现实，表达对美好社会的追求和对当时社会现状的不满，体现了诗人追求美好社会的理想主义情怀。

来看作者心中的理想社会：“土地平旷，屋舍俨然，有良田美池桑竹之属。阡陌交通，鸡犬相闻。其中往来种作，男女衣着，悉如外人。黄发垂髫，并怡然自乐。”

节选的这段文字，从村舍基础设施建设和人的精神面貌两个角度，描绘出作者期许的一派祥和的理想社会，展现给我们的是一幅个体自由、群体平等的诗画般的社会画卷。用现代的眼光来审视，世外桃源应该做到了物质文明和精神文明建设两手抓、两手硬：社会基础设施建设扎实，土地、道路、房屋规划有序合理，环境整洁，景色宜人；社会成员分工井然有序，精神面貌积极向上，表现出来的幸福感指数爆表。

当然，作者也深知这一理想社会在现实中是不可能存在的。文中后半部分，作者借由一个志向高洁的隐士，南阳人刘子骥，苦寻武陵人口中的世外桃源不得，最后郁郁而终的人生结局，隐晦道出世外桃源的虚幻性。

故事结局令人遗憾。但借由故事，我们跟随捕鱼人游历了先贤心中的桃源圣地，感受到他们的理想主义情怀，又借由高洁隐士刘子骥舍命找寻世外桃源的行动，感受到中国古代文人贤士们追求人类理想社会的热情。

无论是先贤大德对“大同社会”的期待，还是诗人陶渊明借笔下人物的遭遇来抒志感怀，中国古代先贤哲人都在努力勾勒出人类理想的完美社会，历代劳动人民也在实践中努力改善并创造更加美好的社会生活，对理想社会的向往和追求是中华民族生生不息的历史传承。

实际上，正是每一代中国人对社会制度的理想主义向往，对美好社会生活的期许，助推着中国社会不断发展、进步。也正是由于这些向往和期许早已融入中国人的血液之中，深埋于中华民族的灵魂深处，这些向往和期许已成为中国社会制度革命和创新的精神动力，激发着一代又一代的人们投身于对美好社会的追求和构建中。而自由、平等、公正等社会层面的价值观，作为理想社会的稳固内核，也被一代代传承下来。

当然，在薪火相传的追求过程中，现代性也赋予了人们对理想社会新的期许。换句话说，随着时代的发展，自由、平等、公正等社会层面的价值观被赋予、注入了新的内涵，社会实践正在一步一步拓展着它们的内涵和外延。

（二）近代，中华民族砥砺前行

中国人对理想社会、幸福生活的追求、渴望深深植根于民族灵魂的深处。这点突出表现在，即使在满目疮痍的近代，中国人民也未曾停下追求美好社会的脚步。恰恰相反，对国家和民族的责任感、对美好社会的期许激励着中国人民前仆后继、英勇顽强地投入反对西方侵略、挽救民族危亡、振兴民族的斗争中。正如习近平总书记所说,“我们的人民是伟大的人民,中国人民素来有着深沉厚重的精神追求,即使近代以来饱尝屈辱和磨难,也没有自弃沉沦,而是始终怀揣梦想,向往光明的未来”。[3]

15 世纪末至 16 世纪初,西方资本主义开始萌芽、发展。随着西方资本主义的产生、发展,西方殖民主义势力也随之向外扩张。近代,西方殖民主义势力到东方扩张并不是为了使东方国家成为独立的资本主义社会,而是为了把东方国家纳入资本主义世界体系,成为西方国家的殖民地、半殖民地,成为其经济上、政治上的附庸。“一句话,它按照自己的面貌为自己创造出一个世界”。[4]

而此时的中国,仍处于封建社会晚期的兴衰更替之中。落后就要挨打、就要任人宰割。西方在发展方面对我们的极大超越,再加上中国封建主义统治者的懦弱昏庸,使得近代中国始终陷于被动挨打、任人宰割的境地。1840 年鸦片战争后,英国等西方列强通过一系列不平等条约,在中国攫取了大量侵略特权。例如:割占香港岛,外国船舰可在中国领海自由航行,外国人在华不受中国法律管束,享受领事裁判权,协定关税等。随着一系列不平等条约的签订,中国在主权、司法权等方面丧失了独立性,在经济上成了西方大国的经济附庸,被纳入了资本主义世界经济体系。

帝国主义与中国封建主义的结合，将近代中国社会推入了极度贫穷、困苦的深渊。鸦片战争后的中国，除了几个少数城市的经济得到畸形发展，其他广大地区特别是农村的经济都濒临破产，满目疮痍。以纺织业为例，鸦片战争后的几十年里，外商以极低的价格进口中国的纺织品原料，加工后的成品再以几倍于原料的价格返销中国市场。正如马克思和恩格斯所预料的“以手工劳动为基础的中国工业经不住机器的竞争”⑤。1911 年第 1 期《留日女学会杂志》有文章指出，随着外国纺织品在中国的倾销，遵循中国几千年封建社会固化、传承下来的社会劳动分工，那些依靠纺织维持生计的中国织妇机女“束手饥寒者，不下数千万”。

面对帝国主义势力对中华民族的剥削压迫，面对种种苦难折磨，面对中国反侵略战争的屡屡失败，中国人民没有屈服。无数的志士仁人奋起抗争，抛头颅洒热血，以百折不挠的精神，进行了一场场气壮山河的斗争，谱写了一曲曲可歌可泣的史诗。

同时，残酷的社会现实不仅没有泯灭中华民族的生存斗志，没有扼杀中国人对美好生活的向往，相反从反面教育了中国人民，极大地促进了中国人对民族生存、发展问题的思考、探索。

1915年9月15日,陈独秀在《青年杂志》第一卷第一号发表《敬告青年》,文中指出“社会遵新陈代谢之道则隆盛,陈腐朽败之分子充塞社会则社会亡”,并将建设新社会的希望寄予青年,希望他们“自觉而奋斗”。受到俄国十月社会主义革命胜利鼓舞和启发的李大钊在《庶民的胜利》中指出:“‘大……主义’就是专制的隐语,就是仗着自己的强力蹂躏他人欺压他人的主义”,“大家为抵抗这种强暴势力的横行,乃靠着互助的精神,提倡一种平等自由的道理。”他在《新纪元》中发出号召:“人类的生活,必须时时刻刻拿最大的努力,向最高的理想,扩张传衍,流转无穷,把那陈旧的组织、腐滞的机能一一扫荡催清,别开一种新局面。”

1921年,在中华民族内忧外患、社会危机空前深重的背景下,中国共产党成立了。在马克思主义理论指导下,有着坚定理想信念的中国共产党人,前仆后继地投入到新民主主义革命中。无数革命先烈用生命诠释了什么叫作“革命理想高于天”。“砍头不要紧,只要主义真”“敌人只能砍下我们的头颅,决不能动摇我们的信仰”,这些视死如归、大义凛然的誓言生动表达了共产党人对理想的坚守。这些革命先烈,他们的英勇斗争,是为了捍卫民族生存权利而战,是为了构建美好社会而战,亦是为了捍卫民族的自由、平等、公正而战。这种不屈不挠、浴血奋战折射出的爱国主义精神、强烈的民族责任感和对美好生活的向往，支撑着我们的国家和民族走过苦难、走向复兴。它们铸就了中华民族的灵魂。

对于新民主主义革命胜利后，构建什么样的社会，中国共产党人有着自己的思考和期许。早在1940年，毛泽东同志在《新民主主义论》中就指出："我们共产党人，多年以来，不但为中国的政治革命和经济革命而奋斗，而且为中国的文化革命而奋斗；一切这些的目的，在于建设一个中华民族的新社会和新国家。在这个新社会和新国家中，不但有新政治、新经济，而且有新文化。这就是说，我们不但要把一个政治上受压迫、经济上受剥削的中国，变成一个政治上自由和经济上繁荣的中国，而且要把一个被旧文化统治因而愚昧落后的中国，变成一个被新文化统治因而文明先进的中国。一句话，我们要建立一个新中国。"⑥

在中国共产党的领导下，在新民主主义的理论、纲领、路线和方针政策的指导下，经过长期艰苦、曲折的斗争，中国人民的反帝反封建反官僚资本主义的革命逐步取得胜利。1949年，人民民主专政的新中国成立。这标志着近代以来中国面临的争取民族独立、人民解放这个历史任务的基本完成。

中国共产党领导下的新民主主义革命的胜利，"彻底结束了旧中国半殖民地半封建社会的历史,彻底结束了旧中国一盘散沙的局面,彻底废除了列强强加给中国的不平等条约和帝国主义在中国的一切特权,实现了中国从几千年封建专制政治向人民民主的伟大飞跃”。中华人民共和国成立后,社会主义基本制度的确立“完成了中华民族有史以来最为广泛而深刻的社会变革,为当代中国一切发展进步奠定了根本政治前提和制度基础,为中国发展富强、中国人民生活富裕奠定了坚实基础,实现了中华民族由不断衰落到根本扭转命运、持续走向繁荣富强的伟大飞跃”。[⑦]

血泪的历史铸就前路。历史告诉我们,近代中国、中国人民和中华民族走过的历程,是中国共产党和中国人民用鲜血、汗水、泪水写就的,是中华民族发展史上不能忘却的、不容否定的壮丽篇章。历史还告诉我们,“历史和人民选择中国共产党领导中华民族伟大复兴的事业是正确的,必须长期坚持、永不动摇;中国共产党领导中国人民开辟的中国特色社会主义道路是正确的,必须长期坚持,永不动摇;中国共产党和中国人民扎根中国大地、吸纳人类文明优秀成果、独立自主实现国家发展的战略是正确的,必须长期坚持、永不动摇”。[⑧]

面向未来,我们应牢记历史,不忘初心。“明镜所以照形,古事所以知今。”回顾近代这段历史,我们是为了总结历史经验、把握历史规律,增强开拓进取的勇气和智慧。无数革命先辈前赴后继地投身于争取民族独立、国家富强的革命洪流中,他们对民族独立、国家富强的希冀,给了我们追求美好社会的动力,使我们构建"自由、平等、公正、法治"理想社会的信念和决心更加坚定。

同时,血泪交织的历史事实也警醒我们,现在我们享有的自由、平等、公正是先辈们用鲜血和生命换来的,弥足珍贵,需要倍加珍惜。而我们,要永远不忘初心,继续前进。

(三)不忘初心

理想因其远大而为理想,信念因其执着而为信念。中国共产党从成立之日起就把共产主义确立为远大理想,党之所以能够经受一次次挫折而又一次次奋起,归根到底是因为共产党有远大理想和崇高追求,不忘初心。

中国共产党自成立之日起,始终把马克思主义这一科学理论作为行动指南,并坚持在实践中结合中国实际,不断丰富和发展马克思主义。这使得中国共产党得以摆脱以往一切政治力量追求自身特殊利益的局限,能够做到立党为公、执政为民,以唯物辩证法的科学精神、无私无畏的博大胸怀领导和推动中国革命、建设、改革。中国共产党人对马克思主义理想信念的坚守,集中体现在党对社会未来发展目标的设定上，具体体现在党领导人民追求美好生活的实践中，始终体现在其坚守的人民立场上。正如习近平总书记所说，中国共产党是全心全意为人民服务的党，我们的国家是人民做主的国家，党和国家一切工作的出发点和落脚点是实现好、维护好、发展好最广大人民根本利益，因此“我们的人民热爱生活，期盼有更好的教育、更稳定的工作、更满意的收入、更可靠的社会保障、更高水平的医疗卫生服务、更舒适的居住条件、更优美的环境，期盼孩子们能成长得更好、工作得更好、生活得更好。人民对美好生活的向往，就是我们的奋斗目标。”⑨

改革开放以来，从社会发展目标设定上来看，党领导下的中国特色社会主义实践在逐步集聚着“自由、平等、公正、法治”社会的构建因素。20 世纪 80 年代，中国共产党第十三次代表大会制定了“三步走”发展战略，党从解决人民群众最基本的温饱问题开始着手制定每个阶段的发展目标。第一步，解决温饱问题；第二步，进入小康阶段；第三步，用 50 年左右时间进入中等发达国家行列。

20 世纪 90 年代，中国共产党第十五次代表大会提出了有关 21 世纪中国社会发展“三步走”的设想：第一个 10 年，全面建设小康；第二个 10 年，达到富裕小康水平；第三步，到 2050 年基本实现现代化。

2012 年年底，党的第十八次全国代表大会主题鲜明地提出要“高举中国特色社会主义伟大旗帜，以邓小平理论、‘三个代表’重要思想、科学发展观为指导，解放思想，改革开放，凝聚力量，攻坚克难，坚定不移沿着中国特色社会主义道路前进，为全面建成小康社会而奋斗”。

在党的十八大报告中，以习近平同志为核心的党中央重申了“两个一百年”奋斗目标，即在中国共产党成立一百年时全面建成小康社会；在中华人民共和国成立一百年时建成富强民主文明和谐的社会主义现代化国家。同时，还明确提出“两个翻番”发展目标，即“在发展平衡性、协调性、可持续性明显增强的基础上，实现国内生产总值和城乡居民人均收入比2010年翻一番”。

就“两个翻番”发展目标来说，按照第一个翻一番发展目标的设定，我国的资产积累将为基本公共服务均等化发展、城乡就业均衡等提供坚实物质基础；按照第二个翻番发展目标的设定，我国贫困人口基数将大幅递减，中等收入群体将持续扩大，收入分配差距将会缩小，全国人民衣食住行用的水平将再次得到全面提高，我国将加快实现城市化、现代化建设目标。可以说，十八大报告中提出的“两个翻番”发展目标，“为我们细化了看得见、摸得到的社会提升目标，把未来将惠及十几亿人口的更高水平小康社会美好前景，更加清晰地呈现在全体人民面前”。[10]

从两个“三步走”，再到全面建成小康社会，党在每一个历史阶段对中国社会建设目标的设定无不包含着对美好社会的殷切期待。而每个目标的切实实现,又都在逐步积聚着从量变到质变的力量。

从发展布局上来看,中国特色社会主义实践与核心价值观在社会层面倡导的“自由、平等、公正、法治”的契合程度也在逐步提高。1986年,党的十二届六中全会通过的《中共中央关于社会主义精神文明建设指导方针的决议》指出:“我国社会主义现代化建设的总体布局是:以经济建设为中心,坚定不移地进行经济体制改革,坚定不移地进行政治体制改革,坚定不移地加强精神文明建设,并且使这几个方面互相配合,互相促进。全党同志必须从这个总体布局的高度,正确认识社会主义精神文明建设的战略地位。”⑪

之后一直到十六大,我国的社会主义建设实践按照政治、经济、精神文明建设“三位一体”的总体布局稳步推进。

2006年,党的十六届六中全会提出构建社会主义和谐社会的重大任务,“三位一体”自此拓展为“四位一体”,即政治、经济、社会、精神文明建设。

2012年,党的十八大报告指出:“建设生态文明,是关系人民福祉、关乎民族未来的长远大计。面对资源约束趋紧、环境污染严重、生态系统退化的严峻形势,必须树立尊重自然、顺应自然、保护自然的生态文明理念,把生态文明建设放在突出地位，融入经济建设、政治建设、文化建设、社会建设各方面和全过程，努力建设美丽中国，实现中华民族永续发展。”涵盖经济、政治、文化、社会、生态五大领域的“五位一体”总体布局形成。

从“三位一体”到“四位一体”再到“五位一体”，中国特色社会主义事业总体布局增补了精神文明建设和生态建设两个方面。这充分反映出我们党对中国特色社会主义建设规律的认识在逐步深化，对美好社会的理解在加深，对未来的发展规划、设置在拓宽。从“五位一体”的发展总布局来看，政治、经济、文化、社会、生态五方面协调发展的社会将是以人为本、全面可持续发展、和谐的社会，其社会特质与社会层面价值观倡导的“自由、平等、公正、法治”的社会核心价值理念有着极高的契合度和匹配度。

当前，面对我国经济发展进入新常态、世界经济发展进入转型期、世界科技发展酝酿新突破的发展格局，习近平总书记提出要“坚持以经济建设为中心，坚持以新发展理念引领经济发展新常态，加快转变经济发展方式、调整经济发展结构、提高发展质量和效益，着力推进供给侧结构性改革，推动经济更有效率、更有质量、更加公平、更可持续地发展，加快形成崇尚创新、注重协调、倡导绿色、厚植开放、推进共享的机制和环境，不断壮大我国经济实力和综合国力”。[12]

纵观改革开放30多年来的发展历程，改革发展目标设定中包含的“共同富裕”“人的全面发展”“社会主义市场经济”“公平竞争”等要素，着力构建平等、共享的机制和环境等观念，在逐步积淀、铸造着社会层面的核心价值观。它们为“自由、平等、公正、法治”社会层面核心价值观的形成和提出逐步积累、奠定了基础要素。党对社会发展目标设定和期望中包含的“共同富裕”“人的全面发展”“社会主义市场经济”“公平竞争”等理念，不仅展现了中华民族一以贯之的对美好社会的追求，更赋予了理想社会新的内涵要义，充分体现出中国共产党人的价值取向和奋斗目标。

更为重要的一点是，这些发展目标不再只是停留在思想、理想主义层面，党带领全国人民在现实中找到了通往它的途径，实践性是其最显著的特征。改革开放以来，那些细化的、看得见的社会发展目标的逐步实现，以及中国特色社会主义建设实践与社会层面核心价值观越来越高的契合度，就是最有力的证明。这是我们在对自古以来社会理想主义的追求中发生的质的飞跃。

正如习近平总书记所说：“我们要建设的是中国特色社会主义，而不是其他什么主义。历史没有终结，也不可能被终结。中国特色社会主义是不是好，要看事实，要看中国人民的判断，而不是看那些戴着有色眼镜的人的主观臆断。中国共产党人和中国人民完全有信心为人类对更好的社会制度的探索提供中国方案。”⑬

二、社会主义社会的内在构建

“自由、平等、公正、法治”作为价值观,它们不是一个个抽象的概念,它们与具体社会制度相结合,映现了性质不同的现实社会形态。只有先进的社会制度,才能使崇尚“自由、平等、公正、法治”的社会尽享它们的应然之义。

(一)制度优势和本质要求

关于公有制社会制度内在蕴含的对“自由、平等、公正、法治”的本质要求,及其在构建“自由、平等、公正、法治”社会中具有的制度优势,马克思主义经典作家们早有精彩论述。

就自由来说,有国家的时候没有自由,有自由的时候就不会有国家。马克思主义认为,国家并不是从来就有的,它有着终将消亡的命运。人类历史上曾经有过不需要国家且根本不知国家和国家权力为何物的社会。但是,随着此社会的经济发展到一定阶段,即当私有财产出现并导致社会分裂为对立的阶级时,维护私有财产合法性存在的国家就产生了。产生的国家被视为是整个社会的正式代表，“但是，说国家是代表，这仅仅是说，它是社会中占统治地位的那个阶级的代表。例如，在古代国家是占有奴隶的公民的代表，在中世纪国家是封建贵族的代表，在资本主义时代国家是资产阶级的代表。”从阶级斗争的角度来看，国家是阶级矛盾不可调和的产物和表现，国家的存在证明了阶级矛盾不可调和这点事实。

当国家在真正意义上成为整个社会的代表时，它就要走向消亡。因为，当国家真正成为整个社会的代表时，它将以社会整体的名义占有生产资料，这意味着这个社会不再有需要被镇压的阶级，没有了阶级统治，由阶级对立产生的冲突和极端行动也将随之消失。这样，由于人类社会不再需要实施阶级镇压的特殊力量了，国家也就消亡了。因此，正如列宁所说：“现在我们才可以充分地认识到，恩格斯无情地讥笑那种把‘自由’和‘国家’这两个名词连在一起的荒谬见解，是多么正确。国家和自由之间，还有国家的时候就没有自由，到有自由的时候就不会有国家了。”⑭

就平等来说，资本主义性质的国家被消灭后，国家也还要存在一段时期，以确保社会在一定程度上实现平等，确保生产资料、劳动和分配领域的“平等”。马克思主义认为，资本主义性质的国家消失后，社会将在自由、平等的生产者联合体的基础上按新方式组织生产。但是，在推翻资本主义之后，人们的道德素质还达不到不要任何权利准则而为社会劳动的程度,况且资本主义的废除也不能立即为这种变更创造经济前提。所以,仅靠把生产资料转为公有财产,剥夺资本家,是决不能立刻消除现代社会不平等的最重要的根源之一,即不可能消除脑力劳动和体力劳动之间的对立的,也不可能"消除对不同等的人的不等量(事实上是不等量的)劳动给予等量产品的'资产阶级权利'"。基于此,需要用无产阶级的国家政权来确保形式和事实平等的责任,用国家来保卫生产资料公有制,以及保卫劳动的平等和产品分配的平等。换句话说,在社会主义阶段,国家扮演着社会各个成员间分配产品和分配劳动的调节者(决定者)的角色。当然,列宁也指出这还算不上真正意义上的共产主义,但是如果不愿陷入空想主义,那就必须承认这个阶段存在的客观必要性。

就公平来说,在社会主义阶段,人剥削人已经不可能了,但是还不能做到在完全意义上实现公平。虽然社会消除了生产资料私人占有的社会不公正现象,个人已经不能把工厂、机器、土地等生产资料攫为私有了,但是,社会还不能实现在自由平等的生产者联合体的基础上实行"各尽所能,按需分配","公正"也还不能完全贯彻到分配领域,因此人民富裕的程度还会有不同。

就法治来说,当作为管制武器的国家消亡,这意味着人的自律和自由程度的加深,社会在真正意义上实现"自由”和“法治”。因为，当社会全体成员或者是大多数成员学会了自己管理国家，社会对任何管理的需要就会开始消失，社会对任何违规者的严厉惩罚也将没有存在的必要。人们对于一切社会公共生活的基本规则，很快就会从“必须”遵守变成“习惯于”遵守。人的自律程度的加深，意味着“自由”和“法治”的社会在真正意义上的实现。

概括来说，诚如马克思主义指出的，在国家还不会消亡的共产主义初级阶段，即社会主义阶段，自由、平等、公正等只能得到一定程度上的实现；在共产主义高级阶段，基于生产资料公有制经济基础，“自由、平等、公正”将在最大程度上得到实现。因为，在国家已经消亡的共产主义高级阶段，基于以社会名义对生产资料的占有，迫使个人奴隶般地服从分工的情形已经消失，脑力劳动和体力劳动的对立也随之消失，劳动已经不仅仅是谋生的手段，而是生活的第一需要。随着个人的全面发展，生产力也增长起来，在社会的集体财富达到充分积累之后，人们完全超出资产阶级权利的狭隘眼界，具有高度的自律性，社会真正实现了“各尽所能，按需分配”，从而得以在真正、绝对意义上实现“自由、平等、公正，法治”。

实践中，纵观世界社会主义运动，社会主义作为一种全新的社会制度，如何更好发挥制度优势构建“自由、平等、公正、法治”的社会，我们没有现成的、成功的经验借鉴。在长期的中国革命、建设、改革的实践中，我们找到了中国特色社会主义道路。基于中国特色社会主义社会的丰富内涵和实践要求，社会主义核心价值观在社会层面对“自由、平等、公正、法治”的倡导，体现出社会主义的制度优势，集中表达了中国特色社会主义社会的本质特征、价值取向、发展规律和理想追求。

社会主义核心价值观在社会层面对“自由、平等、公正、法治”的倡导，一方面是由我国公有制的经济基础所决定，另一方面，这一倡导对中国特色社会主义实践的发展起着不可或缺的规范、引导和推动作用。从社会治理角度来说，中国特色社会主义作为社会主义社会的本质决定了，我们要秉持“自由、平等、公正、法治”的社会治理理念。这一社会治理理念以一定的社会规章制度为载体，以具体的政策举措为具体表现形式，在社会中发挥着价值导向作用，决定、支配着社会生产生活的方方面面、点点滴滴。同时，在中国特色社会主义的发展中，“自由、平等、公正、法治”作为一种理想社会制度的具体体现，担负着凝聚社会共识、激发个体动力的作用，为推动中国特色社会主义社会制度的改革、完善、发展提供强大的精神动力。

概括来说，“自由、平等、公正、法治”作为社会主义社会规范和价值导向的高度凝练和集中表达，是中国特色社会主义社会的本质要求，集中并着重体现、反映出关于中国特色社会主义社会的三个要素：第一，哲学一般意义上，社会主义基本制度的本质特性；第二，哲学特殊意义上，结合中国实际，具有中国特色的社会主义社会特性；第三，从哲学上一般与特殊的关系来看，指明了未来中国特色社会主义社会的发展方向，绘制出中国特色社会主义社会的巨著蓝图，而那将是未来我们要一步一步实现的。

（二）是目标，亦是构建手段

从中国特色社会主义建设的实践来看，“自由、平等、公正、法治”作为社会构建目标和实现手段，具有一致性。

一方面，从某种意义上说，目的是人的需要的反映。由于人的需要具有主观性和复杂性，客观世界不会自动地满足人的各种需要，人们往往设置目标，并通过开展相应的实践活动实现目标，满足自己的需要。在人发挥主观能动性实现目标的实践过程中，目的把活动的各种因素和各个环节整合成有序的系统，以计划和方案的形式对实践起着指导、控制、调节的作用，使目标最终得以实现。

但是，体现人的主观意愿的目的，必须具有一定的客观性，它的制定必须以客观条件为基础，因为它的实现要以客观条件为前提。这就是说，按照目的改造客观事物的实践受一定社会历史条件的制约，目的不能是绝对意义上人的需要的直接外化，人的目的和有目的的活动必须符合客观事物本身的规律和发展趋势，与之相适应的目的能够实现，与之相矛盾的，必然遭到失败。

就中国特色社会主义建设的实践来说，在马克思主义的指导下，我们有社会发展、建设的长远目标，按照这个目标设想并构建出一个理想的未来社会。但是，受客观条件的限制，我们不可能一蹴而就地实现这一长远目标。中国特色社会主义实践只能依据当前所处的社会主义初级阶段的历史条件来开展，并逐步向前推进。因此，设置阶段性的目标就十分必要和重要，这些阶段性的目标可以视作是通向最终目标的阶梯。从这个意义上说，倡导构建“自由、平等、公正、法治”的社会，诚如马克思主义指出的，在国家还不会消亡的共产主义初级阶段，即社会主义阶段，在一定程度上实现自由、平等、公正、法治，是我们基于现实国情设置的阶段性目标，这一目标对我们当下的中国特色社会主义实践起着指导、规范、引导和推动的作用。

另一方面，在人存在的当下到未来的目标之间，存在着一系列的中介，这些中介都是实现目的的手段。对个人来说，他在活动中所直接掌握、可利用实现目标的东西不是其他，而是作为中介的手段。人们通过手段的操作发挥自己的智慧和力量，依照自己的目的开展实践，从而实现自己的目的。

与实现目的要受现实客观条件限制一样，手段的创造和使用，也不是随心所欲的。创造手段和使用手段，归根结底是对客观事物的属性和规律的利用。手段是人的实践能力和认识能力的体现，对手段的使用，体现着人类实践能力和认识能力的发展程度。

由于在通往目的实践中，包含着很多个阶段性的目的，目的可以细化区分为策略的和战略的、部分的和总体的、当前的和长远的。因此，在一定阶段或一定范围内，前一个阶段已达到的目的可以成为通往下一个目的的使用手段，前者可以成为通往后者的桥梁。从这个意义上看，目的和手段具有现实统一性。

因此，从中国特色社会主义的阶段性目标和最终目标的关系来看，也就是从这个意义上来说，构建“自由、平等、公正、法治”的社会既是中国特色社会主义社会实践的阶段性目标，同时也是实现中国特色社会主义社会的最终目标，在未来共产主义高级阶段，在最大程度上实现“自由、平等、公正，法治”的手段。

综述以上，在中国特色社会主义实践过程中，“自由、平等、公正、法治”描绘了社会构建的新蓝图、新愿景、新目标，汇集了社会构建的新思想、新论断、新举措，凝聚了全党全社会关于中国未来社会变革与发展的思想共识和行动智慧，在中国特色社会主义事业发展中起到了凝聚和号召的作用。

中国政府努力提供更好的生活条件和环境、更可靠的社会保障，期许一个敬老爱幼、人人互助友爱、无处不均匀、无人不饱暖的理想社会。图为辽宁省沈阳市塔湾新家园敬老院的护理员与老人们一同参加“国庆运动会”的“轮椅竞速”比赛

三、对当前社会的现实关照

“自由、平等、公正、法治”的提出和凝练，是改革开放以来中国共产党对社会精神文明建设认识深化的结果。

1978 年，党的十一届三中全会拉开了我国改革开放的序幕。伴随改革开放，党正式提出了社会主义精神文明建设的概念，并正式颁发了《中共中央关于社会主义精神文明建设指导方针的决议》和《中共中央关于加强社会主义精神文明建设若干重要问题的决议》。1986年9月28日，中国共产党第十二届中央委员会第六次全体会议，根据我国全面改革发展的要求，回顾和讨论了几年来精神文明建设的成就和面临的问题。

全会认为，适应新的形势，进一步明确社会主义精神文明建设的指导方针，加强这方面的工作，对于保证社会主义现代化建设事业的顺利发展，具有重大的现实意义和长远意义，提出社会主义道德建设的基本要求："是爱祖国、爱人民、爱劳动、爱科学、爱社会主义。要使'五爱'在社会生活的各个方面体现出来，在全国各民族之间，工人农民知识分子之间，军民之间，干部群众之间，家庭内部和邻里之间，以至人民内部的一切相互关系上，建立和发展平等、团结、友爱、互助的社会主义新型关系。"[15]之后，在物质文明快速发展的基础上，社会主义精神文明建设取得一系列重要成果。

但是，精神文明偏重传承性、积淀性发展的特质，决定了精神文明与物质文明的发展步调不可能完全一致，而是略微滞后。改革开放30多年来，有关改革的各种理论、思想的碰撞、交锋铸造了思想文化领域多元、多样、多变的特点；道德领域中，实践对现代社会道德理念的强调，逐渐显现出走向现代的道德与坚守传统的伦理观念的背离；以“经济建设为中心”的发展战略，被一些地方政府或机构片面地理解并实践为过多地关注经济发展，特别是广大党员干部淡化甚至弱化了对理想主义的追求、对精神境界的提升。

面对精神文明领域的问题，现阶段精神文明的发展水平显然还无法有效地进行彻底解决，突出表现就是精神文明的发展无法满足人民群众日益增长的文化和精神需求。据调查数据显示，当前社会37.3%的人认为“生活水平提高，但幸福感快乐感下降”，人民群众心理层面的这种感受是对精神文明建设滞后的折射和反映。

此外，就社会发展目标的设定来说，社会层面核心价值观不仅要体现社会主义的本质特征，更需要涵盖、体现阶段性社会发展目标，以及当下社会的阶段性特征。特别是对一些社会利益矛盾，要从价值观层面给予疏解和回应。

(一)意识形态斗争的需要

从国际环境看，我们当前面临着复杂的国际形势。随着世界范围内思想文化交流、交融范围的扩展和深度的加大，出现价值观较量、交锋力度加大的新态势。在世界思想文化交流中，国际敌对势力从未放松过对我国实施西化、分化战略图谋，而思想文化领域一直是他们实施渗透、颠覆计划的重点领域，意识形态斗争形势严峻。

国内方面，一些错误观点也时有出现，搅乱了人们正确的思想认识。例如，有人宣扬西方普世价值观，有人以历史虚无主义作怪，歪曲、否定历史，更有人以“反思改革”为名否定改革开放、否定“四项基本原则”等。

特别是社会上的各种社会思潮纷繁复杂，容易引起认知上的误解。社会层面“倡导”提出的概念特别容易被想当然地与西方宣扬的“民主、自由、平等”概念扯上联系，甚至会被误认为这就是西方国家宣扬的“普世价值”。在历史上，使用表面相同的词语表达实质截然不同的概念的事情并不罕见。

举一个血淋淋的历史事实。“1871 年，‘自由、平等、博爱’的故乡法国发生‘巴黎公社革命’，结果被资产阶级统治者血腥镇压，坚持战斗到最后的一批巴黎公社的战士们，被机枪扫射，倒在拉雪兹神父公墓的墙下。这些为崇高理想而牺牲的社员们，怀里都揣着印有鲜红的‘自由、平等、博爱’字样的‘巴黎公社社员证’。这是对法国统治阶级多大的讽刺。这绝不能说明巴黎公社的战士们与资产阶级有共同的追求和价值观。为革命而牺牲的巴黎公社社员的鲜血已经划清了不同价值观的界限”。[16]

当前，基于我们面临的国际国内形势，特别是随着中西方价值观较量加大，我国思想领域出现思想交流、交融、交锋加剧，社会思想意识多元、多样、多变的新特点，我们在认识上一定要明确：第一，追求民主、自由、平等、公正、法治，既不是西方国家的专利，更不是资本主义国家的优势；第二，没有抽象的、一成不变的“绝对真理”，不同的社会形态对这些概念赋予的内涵各不相同。而且，马克思主义经典作家们早就基于历史，考证了这些概念在西方的历史变迁，揭示出西方现代意义上这些词语具有虚伪性。

基于这些认识，我们要按照马克思主义的指导、中国特色社会主义实践来对待“自由、平等、公正、法治”概念，要在社会主义意识形态范畴内讲清楚这些概念的内涵要义，以及与西方“普世价值”的区别，从思想上厘清未来我们要构建的是什么样的社会，去除人民群众在思想文化领域的错杂认识，扩大主流价值观念的影响力，提高国家文化软实力。

(二)针对解决当前道德问题

改革开放以来，我国的综合国力有了显著提升，政治经济文化社会等各方面都取得了长足的发展进步，人民群众的生活水平也得到了大力提升。在社会主义物质文明进步的基础上，精神文明建设与其基本保持同步，成果丰硕。总体上看，广大人民群众形成了积极向上的世界观、人生观和价值观，展现出蓬勃有活力的精神面貌。

但是，也要看到，改革开放30多年来，社会利益格局发生的变化深刻地影响着、改变着人们的思想观念，而人们思想观念的变化将从深层次上影响着，甚至决定着中国社会的变化走向。特别是改革开放以来，经济建设浪潮激化了一些社会发展中潜在的利益矛盾，使一些社会问题日益突出。从自然、社会、个人三者关系的角度来说，这些社会问题可以概括为：人口资源环境压力加大，人与自然关系紧张；社会冷漠现象突出，人与人之间的关系不够和谐融洽；人们精神空虚、道德滑坡，人与自身的关系失衡。

就道德信仰领域来说，改革开放引发的经济建设大潮，促使一部分党员干部和人民群众的世界观、人生观和价值观发生了改变，社会道德滑坡现象严重。

第一，一些党员、干部信仰缺失。当下，有的党员、干部以批评和嘲讽马克思主义为“时尚”、为噱头；有的精神空虚，认为共产主义是虚无缥缈的幻想，“不问苍生问鬼神”，热衷于算命看相、求神拜佛，迷信“气功大师”；有的信念动摇，把配偶子女移民到国外，随时准备“跳船”；有的心为物役，信奉金钱至上、名利至上、享乐至上，心里没有任何敬畏，行为没有任何底线。对此，习近平同志在中央党校建校80周年庆祝大会暨2013年春季学期开学典礼上的讲话中指出：“领导干部学习，要正确把握学习的方向。忽视了马克思主义所指引的方向，学习就容易陷入盲目状态甚至误入歧途，就容易在错综复杂的形势中无所适从，就难以抵御各种错误思潮。没有正确方向，不仅学不到有益的知识，还很容易被一些天花乱坠、脱离实际甚至荒唐可笑、极其错误的东西所迷惑、所俘虏。”[17]因此，有效重塑广大党员，特别是领导干部对马克思主义的信仰，在践行社会主义核心价值观中发挥模范带头作用，是当前社会主义精神文明建设工作的重点。

第二，社会上奢靡享乐主义盛行，部分党员和领导干部在一定程度上也存在这方面的问题。改革开放后，经济的飞速发展，带来了物质积累的繁荣。但是，往往财富的增加并不意味着文化、文明水平的提升。相反，那些暴富起来的人们挥金如土，沉浸在对金钱和物质的崇拜中，挥霍财物，追求物质刺激，奢靡享乐，并且有一部分人乐于在网络媒体上大肆炫富。

对于奢靡之风的社会危害，我们应该意识到，奢靡享乐主义让人们沉溺于物质上的享受和肉体上的快乐，陷入意志消沉、缺乏进取精神的状态之中。对一个国家和社会来说，社会中享乐主义的滋长和蔓延，不可能带来真正的经济发展和社会进步，相反它将严重地污染良好、健康的社会风气，使整个社会不再积极向上，从而陷入空虚萎靡的泥潭。

基于对奢靡之风社会危害的深刻认识，2013 年 6 月

18日，在党的群众路线教育实践活动工作会议上，习近平总书记提出要切实解决广大党员，特别是领导干部中存在的四风问题，强调指出形式主义、官僚主义、享乐主义、奢靡之风，“是违背我们党的性质和宗旨的，是当前群众深恶痛绝、反映最强烈的问题，也是损害党群干群关系的重要根源”，要加大整治力度。

第三，社会上一部分人只注重对利益的追求，舍弃了对道义的坚守，其道德精神堕落最直接的表现就是行为无德。例如，近些年新闻报道中层出不穷的“豆腐渣”工程、“毒奶粉”事件、“瘦肉精”事件等，反映出的是社会诚信缺失现象愈演愈烈；网络中充斥的“黄赌毒”事件，无不挑战着公众的道德底线，拷问着中国人的道德水准和个人修养；老人摔倒扶还是不扶的争议，更是触及我们的道德良知和灵魂。

概括来说，“自由、平等、公正、法治”的提出有极强的现实针对性，很大程度上与当前民众道德水平滑坡等现实问题密不可分。

（三）对社会矛盾的回应和引导疏解

改革开放30多年来，随着改革步伐的加大，社会中出现了一些不容忽视的利益矛盾，这些利益矛盾是改革带来的衍生品，是下一步深化改革中需要解决的。对于这些利益矛盾，我们要予以重视，妥善引导，要从价值观层面进行回应、引导和疏解。这是社会主义核心价值观在社会层面倡导“自由、平等、公正、法治”的一个重要原因。

由于人与人之间先天存在个体差异，再加上后天具体生活境遇的不同造就了智力、能力、体力等方面存在巨大差异，这决定了人们的思想活动和行为方式具有自由性、多变性、差异性的显著特征。在中国改革开放的进程中，每一个个体对市场经济带来的机遇和挑战、竞争和压力的反应及其应对方式迥然不同。因此，从理论上来说，改革开放进程中不同生命个体不可避免地拥有不同的经历和结果，其中不排除个体结果之间出现迥然相异的可能性。

从实践来看，经过 30 多年改革开放的快速发展，我国的区域和行业发展不平衡问题较为突出，行业、群体之间的发展差距较为明显，甚至在同一地区的同一行业内部，个人之间的差距也比较大。基于发展存在差距的社会现实，当前广大人民群众更为关切、聚焦的社会问题是腐败，以及政策漏洞、缺陷导致的社会公平、公正问题是否能够得到有效解决和保障，从而避免引发新的社会不公问题。这些社会问题是广大人民群众最为关心的，也与他们的切身利益紧密相关，因此必须及时、有效地妥善解决。因为由此引发的对改革开放的担忧，这些担忧包括对改革开放将偏离“共同富裕”的发展目标，偏离社会主义方向，还包括对党和国家领导的中国特色社会主义事业能走多远等，都积聚了社会的不稳定因素，其中任何一个问题的诱发，都有可能危及国家和社会的稳定。

对于改革发展中出现的这些社会问题，我们要理性地看待。一方面，任何社会都存在矛盾，人类社会总是在矛盾运动中发展进步。改革中出现的这些矛盾和问题，是改革发展进程中不可避免的阶段性现象，也是下一步深化改革要大力予以解决的问题。而且我们也要看到，作为执政党的中国共产党也在不断地反思总结，积极主动地正视矛盾、化解矛盾，在科学地分析这些矛盾和问题产生的深层次原因基础上，致力于有效地予以解决。

另一方面，就个人与社会的关系来说，一个社会的文明和成熟程度，与个体社会成员的道德修养水平和文明程度休戚相关，中国特色社会主义社会的发展与进步，离不开个体社会成员的努力，需要个体社会成员不断提升个人道德修养，规范自己的社会行为，养成积极向上的公民品格。因此，推动中国特色社会主义社会的文明、和谐与进步，需要我们用社会主义核心价值观指引和规范个人行为，培育、引导社会个体成员形成积极、健康、向上的价值观，确立正确的价值认知和评判标准，使其能够正确、理性地处理好个人与自身、个人与他人、个人与社会的关系。

综述以上，“自由、平等、公正、法治”作为社会层面的核心价值观，它们的凝练和提出是中国特色社会主义发展的必然要求和产物。改革开放之初，我们党创造性地提出了建设社会主义精神文明的战略任务，确立了“两手抓、两手都要硬”的战略方针。30多年来，我国亿万人民不仅创造了物质文明发展的世界奇迹，也创造了精神文明发展的丰硕成果。历史和实践充分证明，只有物质文明建设和精神文明建设都搞好，国家物质力量和精神力量都增强，全国各族人民物质生活和精神生活都改善，中国特色社会主义事业才能顺利向前推进。[18]正如以习近平同志为核心的党中央所指出的，培育和践行社会主义核心价值观是推进中国特色社会主义伟大事业、实现中华民族伟大复兴中国梦的战略任务，有利于促进人的全面发展、引领社会全面进步，有利于集聚全面建成小康社会、实现中华民族伟大复兴中国梦的强大正能量。因此，我们要大力做好社会主义核心价值观的培育和践行工作，就社会层面来说，要积极构建“自由、平等、公正、法治”的社会。

注释

①③⑱中共中央宣传部.习近平总书记系列重要讲话读本[M].北京：学习出版社，人民出版社，2016：187，189，9，187.

②习近平.习近平在中共中央政治局第十三次集体学

习时的讲话[N].人民日报,2014-02-26.

④马克思,恩格斯.马克思恩格斯选集[M].北京:人民出版社,1995(1):276.

⑤马克思,恩格斯.马克思恩格斯全集[M].北京:人民出版社,1998(10):277.

⑥毛泽东.毛泽东选集:第2卷[M].北京:人民出版社,1964:663.

⑦⑧⑫⑬习近平.在庆祝中国共产党成立95周年大会上的讲话[N].人民日报,2016-07-02(2).

⑨习近平.习近平谈治国理政[M].北京:外文出版社,2014:4.

⑩韩庆祥.中国道路对世界的四大总体性贡献——对梁漱溟之问的回答[N].北京日报,2016-04-12.

⑪⑮中共中央文献研究室.十二大以来的重要资料选编(下)[M].北京:人民出版社,1988-05:1173,1173—1190.

⑭列宁.国家与革命.列宁专题文集[M].北京:人民出版社,2009:266.

⑯刘书林.培育社会主义核心价值观的基本原则[J].思想理论教育,2013-02(上).

⑰习近平.习近平在中央党校建校80周年庆祝大会暨2013年春季学期开学典礼上的讲话[N].人民日报,2013-03-03.

第一章　自由是社会主义的价值理想

“生命诚可贵，爱情价更高，若为自由故，两者皆可抛。”

——《自由与爱情》，匈牙利诗人裴多菲作于 1847 年

这首讴歌自由的短诗，经由中国左翼作家联盟的殷夫翻译，一个多世纪以来在我国广为传诵。而它被广为传诵的主要原因是因为它引发了我们感情上的共鸣，触及了人们植根于内心深处的对自由的本能渴望。

正如诗人讴歌的那样，自由是人类追求的终极价值理想，作为人类共有的理想追求，它是无差别的。

然而，在现实中，自由作为主导人类行为的价值观念，却被实践赋予了复杂的内容。特别是与不同的社会制度相结合，自由的内容和实质呈现出不同的面貌。这是因为世界上没有一种价值观是悬于空中的。

马克思主义认为，物质决定意识，一个社会的经济基

础决定了其思想观念的上层建筑。因此，从社会中的个人与集体的关系角度来看，建立在公有制基础上的社会主义核心价值观倡导的“自由”与建立在私有制基础上的西方“自由”观，同音同字，但不同义，社会主义自由观与资本主义自由观站在彼此的对立面，二者有着本质的区别。

对于“自由”之义，我们不能人云亦云、全盘接受西方的自由观。相反地，我们要正确认识和深刻理解自由的内涵要义，秉持正确的中国特色社会主义自由观。

一、中国特色社会主义自由观

对于中国特色社会主义自由观，我们要从三个方面理解和把握：

首先，与资本主义社会相比，社会主义社会以生产资料公有制为经济基础，自由是社会中大多数人共享的自由，自由的实践与其内涵相统一，具有不可辩驳的真实性。

其次，马克思主义认为，在共产主义初级阶段的社会主义阶段，自由只能在一定程度上实现，即自由是受限制的，是相对合理的。这是由人们对必然真理的认识和把握程度，以及社会客观物质条件决定的。社会主义社会有限的、具体的自由，是在为未来更加充分的自由创造物质和精神的条件，指向的最终目标是共产主义社会人类的解放、人的全面而自由的发展。因此,具体的、有限制的,是社会主义自由的一个基本特征。

再次,我们要结合中国特色社会主义实践,认识到改革开放30多年来,随着物质文明的迅猛发展,我们享有自由的领域在拓展、程度也在加深,而且随着中国特色社会主义事业的向前推进,这种拓展和加深仍将继续。

(一)公有制经济基础与自由

自由是人类追求的终极价值理想。作为一个社会人,个人自由的实现程度与社会大环境有着密切联系。那么,构建在不同经济基础上的社会大环境,哪一种才能在最大程度上实现、保障人的自由呢?

回顾历史,现实版"笼中鸟"们的遭遇给出了答案。她们的遭遇足以证实,在寻求自由的路上,与个人生存技能相比,社会大环境,特别是社会制度的支撑作用显得更为重要。自由实现的程度,绝对不会超出社会的经济基础,以及由经济基础所决定的社会文化的限制。

1918年6月15日,《新青年》杂志刊载了胡适与学生罗家伦翻译的《娜拉》,即《玩偶之家》。《玩偶之家》是易卜生的代表作,主要写主人公娜拉从爱护丈夫、信赖丈夫到看清丈夫本性、与丈夫决裂,最后离家出走,摆脱玩偶地位、追求自由人生的自我觉醒过程。

《娜拉》刊载后，围绕娜拉出走、娜拉出走后会怎样，社会上曾发起过一场讨论。当时，在北京女子高等师范学校，鲁迅发表了题为《娜拉出走后会怎样》的演讲。演讲中，他在现实问题基础上，一语道破社会的残酷，提出了作者未曾解答的问题，“娜拉离开家后，她的结局会怎样？”并指出，由于缺乏独立的经济地位，娜拉出走以后“或者也实在只有两条路：不是堕落，就是回来”。鲁迅警醒大家：“自由固不是钱所能买到的，但能够为钱而卖掉。”

鲁迅对娜拉结局的预设，强调了“经济权”对自由的重要性。但同时，鲁迅还认为，仅有“经济权”是不够的，妇女只有获得了与男人相等的经济权和社会势力才能真正地解放，而此需要社会制度提供保障，取得全社会的认同。

两年后，鲁迅对这一观点有了更加深刻的认识。

他笔下的小说《伤逝》，塑造了一个在男性的启发下觉醒并与旧家庭决裂、向往自由，但是经济上、人格上都无法实现独立，最终选择自杀的女性形象——子君。鲁迅笔下的这一女性角色，从社会制度层面深刻揭示了“出走的娜拉们”遭逢的现实困境。

可以说，“娜拉”以及当年鲁迅笔下的“子君”代表了那个时代的大部分女性，她们在新思潮、新知识的启发下初步觉醒，萌发了对自由的向往，憧憬着冲破封建束缚后的新生活，期望成为人格独立的新女性。然而，理想与现实之间总存在巨大反差，觉醒后的女性发现自己陷入了另一个困境，社会在制度层面没有给她们实现独立生存的丁点机会，她们实现自由的梦想根本就无从谈起，被现实挤压的荡然无存。

时至今日，回望那段历史，鲁迅笔下塑造的女性人物，包括那个时代的女性都只是历史的一个缩影，自由对那个时代的所有中国人来说都是奢侈品，是遥不可及的梦想。这正如马克思指出的那样："权利决不能超出社会的经济结构以及由经济结构所制约的社会的文化发展。"[①]也就是说，生活在特定社会中的人，在个人实现最大化自由的实践中，只能追求、享有与那个社会经济基础、文化制度相匹配的自由。

与此形成鲜明对比的是，新中国成立后社会主义公有制的确立，开启了一个实现人的自由的新时代。

1949 年，新中国成立。但是，中国民主革命的任务尚未全部完成。1950 年，中国共产党第七届三中全会向全党全国人民提出了"为争取国家财政经济状况的基本好转而斗争"这个总口号和总任务，全会决定党领导人民首先要做的是集中精力解决土地改革和镇压反革命等问题，并对国民经济进行恢复，为有系统地开展社会主义改造和有计划的经济建设创造条件并做好准备工作。此后用了 6 年时间，到 1956 年年底，我国基本上完成了对农业、手工业和资本主义工商业的社会主义改造。至此,我国确立了生产资料公有制,建立了社会主义的经济制度。

生产资料公有制的确立,为我国发展社会主义工业化,建设社会基础设施创造了有利条件。例如,1956 年,工业建设中频传喜报,多个领域中实现了成功的“第一次”:中国第一座生产载重汽车的长春汽车制造厂建成投产,中国第一座飞机制造厂试飞成功第一架喷气式飞机,中国第一座制造机床的沈阳第一机床厂建成投产,中国第一座生产电子管的北京电子管厂正式投产。再如,社会基础设施建设方面,1957 连通南北的武汉长江大桥建成,自此实现了铁路纵贯中国。还有,从生产条件的改善来看,仅 1956 年一年兴修的农田水利工程的灌溉面积就达到 1.5 亿亩,等于新中国成立前全国所有水利设施灌溉面积的一半。

概括来说,从当时社会整体发展来看,我国各部门经济效益好,发展迅速,重要经济部门之间的比例关系也比较协调,市场稳步发展,人民生活改善显著。据统计,从 1953 年到 1956 年,全国工业总产值平均每年递增 19.6%,农业总产值平均每年递增 4.8%。仅 1956 年来说,尽管当时农业遭遇严重的自然灾害,但是农业总产值还是增长了 5%。不难看出,在当时相对薄弱的国民经济基础上,短时间内取得这些成就,这与生产资料公有制的确立,与生产资料公有制发挥的有力支撑作用密不可分。这些成果的取得是社会主义制度优越性的重要体现。从人改善自然条件束缚，增加人的意志在劳动生产中发挥作用的比重来看，这可以说是人在自然面前向自由迈进的一大步。

当然，当时对资本主义工商业的改造，有急于求成的缺点，存在一些不足和偏差。但是，“整个来说，在一个几亿人口的大国中比较顺利地实现了如此复杂、困难和深刻的社会变革，促进了工农业和整个国民经济的发展，这的确是伟大的历史性胜利”。[②]但是，由于对社会主义建设的长期性、复杂性估计严重不足，加上1957年“一五”计划提前完成，极大地增长了毛泽东同志以及中央和地方不少领导干部的骄傲自满情绪，夸大了主观意志和主观努力的作用，急于求成，忽视了经济规律。自1957年下半年开始，中国共产党所犯的错误，特别是“文化大革命”这一严重错误给党、国家和民族造成了巨大的损失，但是归根结底这些错误不是由社会主义根本制度本身所造成的。当然，如果没有这些错误，特别是没有“文化大革命”，我们取得的成果会更多。

1978年党的十一届三中全会召开。之后的3年多时间里，党和国家在指导思想上进行了拨乱反正，中国的面貌大为改观。1982年9月，中国共产党第十二次全国代表大会在北京召开。邓小平同志在开幕词中提出：“把马克思主义的普遍真理同我国的具体实际结合起来，走自己的道路，建设有中国特色的社会主义。”在总结党的长期历史经验基础上得出的这一基本结论，成为新时期指引我们发展的指导思想。在此思想的指导下，1987 年党的十三大提出了“三步走”发展战略：第一步，解决温饱问题；第二步，进入小康社会；第三步，用 50 年左右的时间进入中等发达国家之列。党的十五大又根据发展了的实际情况，为 21 世纪中国社会发展制定了“三步走”发展设想：第一，用 10 年时间全面建设小康社会；第二，再用 10 年时间达到富裕小康水平；第三，2050 年，基本实现社会主义现代化。在此基础上，2012 年党的十八大报告又提出“两个百年”奋斗目标：一是在中国共产党成立一百年时全面建成小康社会，一是在新中国成立一百年时建成富强民主文明和谐的社会主义现代化国家，并明确把“促进人的全面发展”纳入中国特色社会主义道路的发展目标。

历史和实践证明，党在不同时期设定的发展目标，有些已经得到了实现，有些正在实现。中国人不仅靠自己的力量解决了十几亿人口的吃饭问题，使中国人从总体上实现了小康生活。如果我们把解决人的最基本的温饱、生存、发展看作人在自然生存条件面前向自由的迈进，并进而用历史的、发展的眼光审视，我们有理由相信社会主义公有制能在更大程度上促进人的自由的实现。因为，对生产资料的共同占有决定了建立在其上的、力求实现的价值追求，是一种不为物、不为金钱役使，不是为少数人谋求的、而是为社会大多数人谋求的自由。

综述以上，历史与现实之间的强烈反差，共同指向一点：自由的实现，不仅需要社会为人们提供自由发展的资源和条件，更需要建立在一定社会经济基础上的社会制度的支撑和保障。而个人最大化实现自由的理想，只有在公有制经济基础上才有可能实现。对此，马克思早在《共产党宣言》中就曾预示过，在资本主义私有制被消灭后，"代替那存在阶级和阶级对立的资产阶级旧社会的，将是这样一个联合体，在那里，每个人的自由发展是一切人的自由发展的条件"。[③]人的"一切天赋得到充分的发挥"。[④]因为"人类的特性恰恰就是自由的自觉的活动"。[⑤]

（二）正确认识我国宪法规定并充分保障的公民自由权利

《中华人民共和国宪法》规定了我国公民拥有神圣不可侵犯的权利，并享有充分的自由。国家负有保护公民生命权、财产权的义务。对于公民财产权，我国在2004年十届全国人大二次会议通过的《宪法修正案》中明确规定："公民的合法的私有财产不受侵犯"，并在2007年十届全国人大五次会议通过《物权法》，将私有财产权写入宪法。《宪法》还规定了：公民有宗教信仰自由；公民的人身自由不受侵犯；通信自由和通信秘密受法律的保护；思想自由权和言论自由权,即言论、出版、集会、结社、游行、示威的自由。可以说,这些自由权利在宪法的规定和保障下基本上已经得到了很好的实现。

2009年,《他改变了中国:江泽民传》的作者、美国国际投资银行家、美国科学促进会科学自由和责任分会会员、花旗集团全球投资银行的高级顾问罗伯特·劳伦斯·库恩,在他的新著《中国30年:人类社会的一次伟大变迁》中感叹道:“我要介绍给世界的是现实的中国社会。首先是中国公民的自由度,这是一个真实的情况,包括中国人穿什么样的衣服、上什么样的学校、选择什么样的专业,包括用手机发送政治笑话的短信等,个人自由度很高。整个社会,包括家庭和组织的自由度,也有很大提高。可以说,除了少量的限制以外,中国民众已经有很高的自由度了。”⑥

罗伯特·劳伦斯·库恩长期关注中国的改革开放进程,他深入中国20多个省份的40多个城市,采访了许多改革开放的亲历者和地方建设者,并作了详细的访谈记录,他还与国内金融、文化、教育、传媒等许多部门有过密切合作,可以说他对中国的历史、国情和文化社会状况都有相当的了解,因此他对中国社会自由度作出的判断比较使人信服。他的论断对一些西方国家关于中国社会自由度的攻击论调,例如把自由描述成中国的敌人,说成是中

2016 年全国共出版新书品种约 32 万种（根据 CIP 数据统计）。中国公民享有广泛的言论自由、出版自由。繁荣的文化事业也满足了群众多元的精神文化需求。图为北京国际图书博览会一角

国秩序必将扼杀的东西，极具批驳力度。此外，作为西方人，他得出的“中国民众已经有很高的自由度”的结论，必定是将他在中国走访的见闻感受与其在美国生活的经历进行对比得出的，他的论断从一个侧面反映出我国社会的自由程度并不亚于西方社会。

但是，一直以来，一些西方国家却罔顾事实，把自由描述成中国的敌人，说成是中国秩序必将扼杀的东西。这些西方国家高呼“言论自由”“新闻自由”的口号，向来都是他们标榜自己并歪曲评判、攻击他国的大棒。下面通过两

个具体事件加以说明。

事件一:2015 年 11 月 13 日晚,在法国巴黎市发生了一系列恐怖袭击事件。袭击事件发生后,就在中国公众对法国巴黎遭到恐怖袭击给予高度同情和关注的时候,法国《新观察家》驻华记者郭玉,又名高洁(法文名 Ursula Gauthier)发表文章,指责中国政府试图在支持法国反恐的同时塞进"私货"。她把新疆发生的暴力事件说成是"恐怖主义",并宣称"新疆暴力更多的是由于受到无情的镇压"。对此,中国外交部于 12 月 26 日表示,郭玉已不适合继续留在中国工作,同时强调,中国一贯依法保障国外常驻新闻机构和外国记者在华采访报道的合法权益,但绝不容忍为恐怖主义张目的"自由",宣布将不给郭玉的工作签证办理延期。

事件二:2015 年 12 月 27 日,我国通过《反恐法》。这次,部分西方媒体一如既往地继续拿"言论和宗教自由"说事儿。美国国务院曾批评我国的这部《反恐法》将进一步限制中国的言论、结社、集会和宗教自由,并可能影响到美国对中国的贸易和投资。"美国之音"则称中国反恐法"颇受争议",还老调重弹地称"美国等国家最近曾对这部法律提出批评,认为其中有关的网络安全和涉及基本人权的内容令人担忧"。法国广播公司引述"大赦国际"东亚地区负责人尼古拉 · 贝克林(Nicolas Bequelin)的说法,称

“中国反恐法在恐怖主义、国家安全以及极端宗教等许多问题上的定义都十分模糊。这就给中国官方的镇压活动提供了巨大的空间，这将严重的威胁中国的人权”。[7]

反恐法案的通过和郭玉事件之间并没有联系，但是西方的一些评论还是把它们联系在一起。英国广播公司(BBC)概括西方媒体的态度称，中国通过反恐法“正值北京加大力度对付新疆民族主义暴力问题之时”。[8]

通过分析不难发现，生拉硬扯把这两起事件联系在一起的西方媒体就想要抛出一个论点：中国在打压自由，尤其是言论自由和新闻自由，压制了人权。必须指出，这种看法是某些别有用心的煽动者出于特殊政治利益和目的所做的口号式、标签式指责，根本经不起逻辑推敲和现实辩论。对比法国反恐事件中中国媒体对事件的如实报道，新疆暴力事件中法国驻华记者充满谎言与偏见的话语体系，清楚、深刻地揭示出西方“言论自由”“新闻自由”的虚伪本质——这是一种任意裁剪事实、歪曲事实的虚假自由。

以美国为例，“美国是推崇新闻自由的国家，但任何的‘自由’都是有约束并需要遵循法律、道德和文化底线的。而与新闻报道(文化宣传)底线相并行的，是看不见却无处不在的舆论导向。首先，传统文化与价值观不容亵渎。其次，国家利益不容侵犯。对国家利益的呵护，成为美国媒体报道中自觉坚持的长期的舆论导向。第三,华尔街的利益不容挑战。第四,白宫的媒体管理从不缺席。在美国,不干涉媒体虽然是一个原则,但政府是可以影响媒体、引导舆论的”。[⑨]

通过分析,不难发现独唱、鼓吹“自由”的资本主义自由思想背后隐藏着利益驱动等一系列发人深省的问题。早在2004年8月4日,习近平同志在浙江省委新闻宣传工作座谈会上,曾严厉指出,社会上那些“鼓吹所谓的新闻自由、反对新闻管理”的论调,“实质是要否定新闻的党性原则,否定新闻媒体是党和人民喉舌的性质,否定党对新闻工作的领导。其最终目的,是要搞乱人们的思想,搞垮我们的党和国家”。

因此,新闻舆论工作要力争牢牢掌握舆论引导工作的领导权、管理权、话语权,而不是放任自流。这主要是因为:第一,党的新闻舆论工作是意识形态工作的重要组成部分,是党的一项重要工作。习近平同志多次在会上强调指出,新闻舆论是上层建筑、意识形态的重要组成部分。新闻宣传一旦出了问题,舆论工具一旦不掌握在真正的马克思主义者手中,不按照党和人民的意志、利益进行舆论导向,就会带来严重的危害和巨大的损失。2015年12月25日,在视察解放军报社时的讲话中,他再次强调“新闻舆论工作要强化政治意识、政权意识、阵地意识,勇于举旗帜、打头阵、当先锋，当好意识形态领域斗争的生力军”。[10]

第二，做好党的新闻舆论工作事关定国安邦，是党治国理政的大事、要事。习近平同志多次强调做好党的新闻舆论工作，事关旗帜和道路，事关党的理论和路线方针政策的贯彻落实，事关党和国家各项事业能否顺利推进，事关全党全国各族人民凝聚力和向心力，事关党和国家前途命运。因此，一定要深刻认识党的新闻舆论工作的重要性，把握好正确舆论导向，做好新闻舆论工作。

第三，新闻舆论工作是信息、思想文化传播的重要渠道，肩负着坚持和发展中国特色社会主义主流思想文化，引领社会舆论，增强社会凝聚力的作用，担负着为社会实践提供强大精神动力和智力支持的社会职责。

综述以上，对于我国宪法规定并充分保障的公民自由权利，我们要有清醒的、正确的认识。决不能在西方国家“新闻自由”“舆论自由”的鼓吹下，将新闻舆论工作去意识形态化。要认清楚鼓吹“自由”的资本主义自由思想的本质和目的，只有认清楚鼓吹“自由”的资本主义自由思想夹藏的私货，才能正确认识我国宪法规定并保障实现的公民自由权利。

（三）自由与改革开放相伴相生

改革开放是我们党历史上的一次伟大决定，在中国共产党的带领下，中国人民开创了社会主义发展史上的伟大奇迹。从1978年改革开放至今，30多年来中国人民的面貌、社会主义中国的面貌、中国共产党的面貌都发生了深刻的变化，我国的综合国力有了大幅提升，在国际社会赢得举足轻重的地位。回顾改革开放以来的历程，每一次重大历史关头的改革都给党和国家注入新的活力、给社会主义事业前进增添强大动力。而在改革开放向前推进的过程中，“自由”功不可没，它的具体内容和表现形式是解放思想、实事求是。

作为一种价值追求，自由构成当今我国社会的思想基础；作为一种实践行动，可以说改革开放就是我们追求自由、充分实现自由的过程。在过去30多年中国社会发生的翻天覆地的历史变迁中，自由与改革开放，分别作为思想与行动，相互交织在一起推动着我国社会的向前发展。一方面，从思想层面来看，解放思想、实事求是为社会主义实践赋予、注入了新的理解和诠释，为改革开放实践的合理性、合法性、科学性奠定了理论基础并提供了动力支持。另一方面，从实践层面来看，改革开放实践推动了自由在社会各个层面的发展，自由实现的领域在拓展，程度也在加深，无论是社会自由度，还是个人自由度，都取得了实质意义上的极大进步。毫不夸张地说，自由与改革开放相伴互生。自由是改革开放的源泉和动力，是完善社会主义市场经济体制的必然要求，改革开放拓展了自由实现的领域，加深其实现的程度。具体来说，可以从以下三个方面进行理解和把握。

改革开放是为了进一步解放思想，做到实事求是。这一目标要求我们要勇于冲破思想观念的障碍、破除妨碍改革发展的那些思维定势；勇于突破利益固化的藩篱，解除各种复杂关系的羁绊，敢于突破既得利益的禁锢。当然，解放思想不是脱离国情的异想天开，也不是闭门造车的主观想象，更不是毫无章法的莽撞蛮干。解放思想的目的在于更好地实事求是，更好地根据现实情况制定目标和实施计划。解放思想，要求我们在中国特色社会主义建设中，以马克思主义理论指导，一切从我国的基本国情出发，从实际情况出发，从人民群众的利益出发，既大胆探索又脚踏实地。只有不断解放思想、实事求是，我们才能遵循事物发展的内在规律，保持历史前进的正确方向。

改革开放是为了进一步解放和发展社会生产力。马克思主义理论认为，阶级社会发展的直接动力是阶级斗争，社会革命是阶级斗争的最高表现形式，它是社会基本矛盾的必然产物。改革区别于传统意义上的革命，它是通过社会主义制度的内部调整来解决生产关系和上层建筑中不适合生产力发展的部分，是社会主义的自我完善和发展。因此，革命是解放和发展生产力，改革也是解放和发展生产力。从我国的改革实践角度来看，改革开放以来，我们采取的一系列中国特色社会主义改革举措，极大地提升了我国经济和社会发展的自由度，从根本上拓展了人们实践活动的范围。而自由度的提升赋予了社会巨大的创造能力，有力地促进了社会财富的积累。

改革开放是为了进一步解放和增强社会活力。追求现代性是中国社会变迁的基本方向，而自由作为现代性的重要特质之一，在社会层面的重要表现就是社会活力的迸发和增强。从改革开放实践来说，改革开放是民族的生产热情、发展热情、创造热情不断激发的过程，更是社会自由度提升的过程；从理论上说，我国对现代性发展新道路的探索是重新理解和诠释社会主义的过程，这一过程也是对社会主义的认识摆脱以往固化思维束缚的过程。

一句话，改革开放是解放和增强市场活力的过程，而伴随此过程的是人的自由全面发展的推进。而且，随着改革发展进入新阶段，自由的内在张力也日益凸显，而应对之策就像十八届三中全会提出的，在于全面深化改革，以全面深化改革调动全体人民的积极性、主动性、创造性，进一步激发社会活力，推进人的自由全面发展。

（四）提倡自由和遵守秩序并行不悖

权利和义务，是自由这枚金币的两面。对自由，我们不该只看到自由的权利，也要看到享受自由应尽的义务，即限制、约束那一面。

从哲学层面来说，自由涉及与必然的关系问题。从概念来看，必然具有不以人的主观意志为转移的客观存在性，例如自然规律、社会历史规律等都不以人的意志为转移地发挥作用。从以往的人类实践活动来看，作为主体的人将自身的意志、思想、情感不自觉地作用于客观对象之上，使客观对象按照自己的意志存在、发展，人类开展的实践活动不是对自然界等物质条件束缚的消极服从，相反地，是极大地发挥主观能动性去认识必然、改造世界的过程。从人类意愿实现的角度来说，人类改造世界的过程，也就是自身实现自由的过程。

当然，自由的实现程度必须以人们对必然性的认识和把握为基本前提，人类的自由实现程度与其对客观规律的认识和把握水平成正比。因此可以说，自由与束缚共生共存于人类对必然性认识基础上的社会实践中，人类对客观世界的改造是认识必然性、拓展自由深度和广度的过程，对必然性规律的认识越全面、越深刻，人类摆脱必然性规律的束缚度就加大，实现自由的程度就越大。

在政治哲学中，自由的权利与义务是一对相互关联的范畴。在现代国家里，现代国家赋予公民各种各样的权利，普遍承认并保障公民拥有基本的权利和自由，包括财产和人身自由、言论和出版自由、集会自由、宗教自由、良心和思想的自由等。但是，国家赋予公民的各种自由权利，不等于个人行为不受约束、随心所欲，个人自由权利行使要遵循一定的规范，否则自由的权利将流于形式。因为，假设社会中的每个人都只注重享有不受限制的权利，那么无数个体之间的无约束的权利便会相互抵触，从而每个个体都将失去自由的权利。

社会中真正的自由，源于社会对自由的限制、约束。试想，如果每个人开车想怎么开就怎么开，想闯红灯就闯红灯，这种自由的代价就是无数的交通事故；一场会议上，每个人想发言就发言、想说多久就说多久，个人倒是都自由了，但代价是妨碍了别人的言论自由。所以，现代社会关于自由有一个悖论，那就是自由的保障来自于对自由的限制。

在现代社会中，自由的实现程度与秩序的建立、法律的实施成正比。现代社会的一个重要特征就是注重契约精神，契约精神的体现就是秩序的建立和法律的实施。众所周知，很多公众场合都张贴醒目的标识，提醒公共场合禁止喧哗。在户外、在自己私人领域中人声喧哗是一个人的自由选择，但是在公众场合大声喧哗，让周围的人被迫接受噪音杂音污染，这就不是简单的一个人的自由选择问题了。当一个人的“自由”可能损害他人的“自由”时，他就必须首先征得对方的同意，而且是在充分告知完整信息前提下征得对方的同意。由此，这种维护群体中每个人的自由的秩序才能确立起来。

再如，法律是全体国民意志的体现，是国家的统治工具，指统治阶级为了实现统治并管理国家的目的，经过一定立法程序所颁布的基本法律和普通法律。以行车领域为例，严查酒驾、加重量刑处罚的交通规则的实施，不仅保护马路上其他行车人生命财产不受侵害的自由，也保护酒驾人自己的生命财产权利。因此，那些严查酒驾的法律条文越细化、越烦琐，量刑处罚越重，酒驾人以及其他行车人的利益就能得到越合理的、越充分的保护。所以说，烦琐的法律条文以及相关规章制度，恰恰是行车领域自由行车实现的前提。

可见，一个社会中自由制度的成熟程度、个人享有自由的程度，与社会秩序的建立、法律的实施程度成正比。

二、中华民族珍视自由的优良传统

中国是世界上少有的历史文化从未间断、一直延续至今的国家。中华民族是崇尚自由的民族，在民族文化的传承中，自由是个重要的元素，这点在文化作品中表现得尤为突出。例如，注重意境表达的中国山水写意画，传达出的、推崇的是对自由的追寻。再如,古代流传下来的文学作品中,不乏圣贤大德和先民对追求、享受自由的惬意表达。总的来说,中国传统文化中对自由内涵的阐释主要从以下两个方面展开。

第一,对人的状态的理解。就先秦诸子百家来说,道家对人的自由的诠释是一种随性而为,不受拘束的状态。老子崇尚"道法自然",即大道之行,既要仿照大自然的规律法则,又要效法事物本身自然而然的状态,顺其自然。老子鼓励人们找回自然原始的本心、顺应心灵的自然感召。在道家那里,心灵的自由是最大的自由。

最为著名的例子就是庄子著名的《逍遥游》和"庄周梦蝶"的典故。《逍遥游》描写的是庄子心灵的驰骋、思想的放飞。《逍遥游》中描述的可上天入水,往来于天地间,自由自在的那只"鹏",其实是庄子自己对自由的向往。"庄周梦蝶"中,庄子假借梦境,梦到自己变为蝴蝶翩翩而飞,得享自由。两个典故传达出来的精神体验,正是源于作者内心对自由的无上追求,达到了物我两忘的意境。如庄子一样,不计较生活条件限制,追求心灵自由的古人比比皆是。孔子曾称赞他的学生颜回说:"一箪食,一瓢饮,在陋巷,人不堪其忧,回也不改其乐。"

人力有限造成了对自由的束缚缺憾,但是古代文人通过心的开阔实现了对现实的超越。古人这种身在陋巷、心在书香的精神追求，是对身未动、心远行，心灵的自由是最大自由的有力诠释。精神世界里对自由的推崇，使他们拥有着自由的灵魂、可以因为心的独立自由而不以物喜、不以己悲，不仅构建了古人独立的人格，也锤炼了他们高尚的品性和高远的心志。

第二，对生命自由的理解。在中国传统文化里，儒家和道家是影响极大的两大学术流派，相比较而言，儒家主张入世，道家倡导出世；儒家呼吁积极有为，道家崇尚无为，以无为实现无不为；儒家推崇家国天下，道家宣扬从社会回归自然本身，追求独善其身。

儒家和道家尽管有如此多的不同之处，但在对生命状态的理解上，无论是位居高位的历代宰辅大臣，还是“采菊东篱下，悠然见南山”的陶渊明，他们都认为，不管身处朝堂、闹市，还是隐居于山林、陋巷，内心都应该保持平静和自由。精神上独守一片理想的世外桃源，通过自己笔下的诗文，激扬文字、寄情山水，尽享山野田园之乐。通过这种寄情山水的心安自在，个体在独处时自在自乐自得，使他们内心的自由不依靠他人给予，通过自我获得，升华为一种独立自主的人格。

概括来说，中国传统文化注重和推崇人的心性自由，注重对人的道德自觉、道德自主、道德自律等道德自由精神的培育。中国传统文化中，古人在对自由的理解和追求中，表现出来一个共同的鲜明特质：自由既要有独立人格，要有不为五斗米折腰、不附权贵的傲骨，更要有修身养性，宁静致远、人格升华的意蕴。这些作为中国传统文化的精髓传承下来，融入我们民族的血液，成为中华民族的精神气质和人格品质。这是我们中华民族独特的“自由”特质。

三、难以普世的资产阶级自由观

（一）有限的历史进步性

个人自由拥有不受外在任意力量，包括来自个人、国家、社会的任意力量威胁的自由观念，是西方近代才出现的事情。要想理解资产阶级自由观的进步性，绝对绕不开中世纪这段黑暗的历史。

在中世纪，欧洲长期处在奴隶制和封建制的黑暗笼罩之下。在神权、王权和等级差别的压制下，人们既没有自由，也没有人权。人们的一言一行都要受到天主教会的严格控制，如果有非分之想，就会被视为“异端”，会受到宗教裁判所的残酷迫害。

宗教裁判所，又称为“异端裁判所”，是中世纪和近代初期天主教的司法机关，可以审判一切反对基督教的异端以及有异端思想的人。宗教裁判所为了巩固神权，扼杀进步思想，残害科学家。在宗教裁判所存在的整个时期，先后有多达38万人被判罪为异端分子。在天主教会的统治中心罗马，在15世纪以后的150年间，被以异端分子名义烧死的就有3万人。

例如，意大利科学家布鲁诺因批判经院哲学和神学，反对“地心说”，宣传“日心说”，于1592年被捕入狱，最后被宗教裁判所判为“异端”烧死在罗马鲜花广场。而当时32岁的早期空想共产主义者意大利人康帕内拉，则是在意大利那不勒斯监狱里听到了布鲁诺被处以火刑的消息。他们都是教士，却都被教会视为异教徒和叛逆者，他们都渴望自由，却都被宗教裁判所长期囚禁和刑讯。

14世纪中叶至17世纪初，欧洲发生了“文艺复兴”。文艺复兴运动带来了思想上的春天。这一思想文化运动最早发源于佛罗伦萨、米兰和威尼斯，后扩展至欧洲各国。文艺复兴以人文主义为武器，肯定人的价值和尊严，提出以人为中心而不是以神为中心，认为人是现实生活的创造者和主人。文艺复兴以后的经济世俗化运动，对“天国”信仰主义和禁欲主义进行了坚决否定，这种否定带来了社会价值观的颠覆性改变：人生的目的不是为了死后的“永生”，而是现世的享受；人的自然欲望不是罪恶，无须压抑，而是应当予以满足的正当要求；男女之间的爱情无须隐讳，是应当加以热烈歌颂的高尚感情。

随着新航路的开辟、文艺复兴和宗教改革三大事件的发展，欧洲社会逐渐从农耕文明发展到工业文明。在工业文明短短几百年的时间里，其创造的物质财富和精神财富远远超过了以往所有文明的总和。对此，马克思、恩格斯在《共产党宣言》中指出："资产阶级在它的不到一百年的阶级统治中所创造的生产力，比过去一切世代创造的全部生产力还要多，还要大。自然力的征服，机器的采用，化学在工业和农业中的应用，轮船的行驶，铁路的通行，电报的使用，整个大陆的开垦，河川的通航，仿佛用法术从地下呼唤出来的大量人口——过去哪一个世纪料想到在社会劳动里蕴藏有这样的生产力呢？"[11]

在反对封建王权和神权政治的过程中，资产阶级打出自由、平等、人权的口号，强调个体享有一系列受法律保障的、不受干预的权利。追求思想观念的解放，崇尚个体的自由权利，成为新兴资产阶级的鲜明价值追求。1776 年美国的《独立宣言》、1789 年法国的《人权和公民权宣言》都鲜明地体现了资产阶级的价值观。在这些资产阶级价值追求基础上，新兴资本主义国家逐步确立了以分权制衡、议会制、普选制、两党制或多党制等为主要内容的政治制度。反过来，资本主义国家制度的实施，又在很大程度上保护了资产阶级的利益，客观上提升了整个社会的自由水平，推动了社会的发展和进步。

历史地看,资本主义取代封建主义、消除封建等级制度、使人们获得平等的政治权利,这无疑是人类历史的一个巨大进步。

但是,资本主义的自由也有着明显的缺陷。由于资本主义的自由是建立在生产资料私有制基础上的,所以资本的多少和财产的多寡在政治生活中起着决定性作用:占有较多经济资源和财富的资产阶级通过各种途径掌握公共权力,以保护和扩大自己的政治经济利益。因此,资产阶级的自由成了以金钱为基础的"富人的游戏""金钱的自由"。

举一个深刻揭示资本主义"金钱自由"本质的小故事。

韩国学者金日坤的著作《第十七号俘虏收容所》讲述了汤姆斯上士如何利用在俘虏收容所中逮到的几只老鼠赚钱的故事。利用老鼠赚钱,而且还是在收容所这种严格管制的地方,这多少有点让人感觉匪夷所思。但是,通过金日坤的描述,主人公汤姆斯上士确实做到了。赚钱门路就是,让老鼠们像赛马一样进行比赛,通过赌博赚取俘虏收容所里的"流通货币"——香烟,然后通过以物易物的方式与德军交换其他物品,从而在收容所里过上奢侈的生活。

这个小故事蕴含着西欧现代发达资本主义的三大经济原理,即私有、营利、自由。金日坤说:"这样一个电影故事告诉我们,即使在俘虏收容所这种极端条件下,也存在着西欧资本主义经济的原理和价值观。汤姆斯上士根据追求利润这一资本规律进行赚钱,当然这里只能是赚取香烟,积累财富。在俘虏收容所里,虽然自由度很有限,但他能够在允许的范围内最大限度地活用自由。这里最重要的一点可以说是私有财产制度得到严格的保障,虽然在他的皮包里装着别人所没有的食品及其他贵重物品,但皮包的安全却能够得到保障。”在收容所里,这种社会秩序依然能够运转,凸显出资本主义文化和价值观确立在极端的个人主义之上的特质。

这则小故事,从生产资料所有制与价值观的关系角度,揭示了在资本主义社会中,自由的本质实际上就是资本的自由。正如列宁曾明确指出的:“在资产阶级共和国中,即使在最自由最民主的共和国中,‘自由’和‘平等’只能表现为而且从来就表现为商品所有者的平等和自由,资本的平等和自由。”

在资本主义“以金钱至上”“以资本为本”和“以极端个人主义为本”的社会理念相互作用下,资本主义社会中私有财产制度得到严格保障。在此之上,社会呈现出一幅人人得享自由的景象:政治上多党自由竞争、轮流上台执政,经济上实行自由贸易,思想文化上实行所谓言论的自由。而能够享受这些自由的人必须满足一个共同的前提,必须有钱。“在资本主义社会,产生的只能是资本自由、金钱平等、精英博爱的价值观,其当代表现形式就是新自由主义价值观、普世价值、宪政民主以及人权高于一切的价值观。这些价值观在资本主义国家本质上都是为资本获取利益而生的价值观。”[12]

一句话,资产阶级自由观在资本主义早期反对封建主义斗争中显现出的革命性和进步性,随着资本主义所有制的确立早已消磨殆尽,逐渐沦为战争、掠夺、压榨、专横和资本寡头特权的代名词,走向了革命性和进步性的对立面。

(二)澄清与新自由主义思潮的本质区别

在中国特色社会主义实践中,党的历次代表大会一次比一次重视提升市场“自由度”。

例如,党的十四大提出“要使市场在国家宏观调控下对资源配置起基础性作用”;党的十五大提出“使市场在国家宏观调控下对资源配置起基础性作用”;党的十六大提出“在更大程度上发挥市场在资源配置中的基础性作用”;党的十七大提出“从制度上更好发挥市场在资源配置中的基础性作用”;党的十八大提出“更大程度更广范围发挥市场在资源配置中的基础性作用”;十八届三中全会又进一步提出“使市场在资源配置中起决定性作用和更好发挥政府作用”。

党的历次代表大会一次比一次重视提升市场“自由度”的决定，这是否就说明我们要完全放开市场的自由度，走新自由主义的道路了？

答案当然是否定的。

任何时候，中国特色社会主义的社会主义性质都不会改变。正如十八大报告中强调的，在改革开放30多年一以贯之的接力探索中，我们坚定不移高举中国特色社会主义伟大旗帜，既不走封闭僵化的老路、也不走改旗易帜的邪路。

高速发展的互联网经济带动农村经济转型发展，电子商务为供需双方提供了最充分的市场和选择机会。仅在2016年11月11日当天，淘宝的销售额达到1207.49亿元人民币。图为农村淘宝直播走进福建尤溪，管前镇九曲村村民在展示当地特产冬笋

政府与市场的关系问题是社会主义建设中需要理清的一个重要问题。纵观世界社会主义发展史，没有成功的经验可供借鉴。我们在社会主义建设中，也曾不可避免地走了一些弯路。自党的十四大以来，党和国家一直在根据不断拓展的实践，深化对政府与市场关系的认识，努力寻找两者新的科学定位。而重视提升市场"自由度"，就是我们认识深化的成果。这样做具有三个方面的"有利于"：有利于转变经济发展方式，提高效益；有利于转变政府职能；有利于抑制消极腐败现象。

社会主义市场经济制度的最本质特征是公有制加市场调控机制。党的十八届三中全会《决定》在用"使市场在资源配置中起决定性作用"取代此前"基础性作用"的同时，还强调指出："必须毫不动摇巩固和发展公有制经济，坚持公有制主体地位，发挥国有经济主导作用，不断增强国有经济活力、控制力、影响力。"党的十八届三中全会提出"使市场在资源配置中起决定性作用"有一个前提条件，即要在以公有制为主体的基本经济制度前提下进行。显而易见，预设这个前提的目的，是要巩固公有制的主体地位，进一步巩固、发展、壮大公有制经济，强化公有制在我国社会主义市场经济中的主导作用，夯实我国以公有制为主体的基本经济制度。

与我们坚持公有制主体地位的主张恰恰相反，新自由主义思潮最本质的特征是反对任何形式的公有经济、特别是国有经济。新自由主义排斥政府对市场、对经济活动的任何干预和宏观调控；新自由主义理解并主张的“由市场说了算”，是以彻底私有化为前提或基础的；新自由主义坚持的“资本优先”的目的，是为资本说话、为资本服务。新自由主义的这些坚持和主张，与我们巩固公有制的主体地位，夯实我国以公有制为主体的基本经济制度，重视提升市场“自由度”是为了实现三个“有利于”的初衷完全背道而驰的。

显而易见，党的十四大以来，党的历次代表大会一次比一次重视提升市场“自由度”的做法，其初衷是赋予市场更高的自由度，正确处理好政府与市场的关系。这同新自由主义信奉并鼓吹的“市场原教旨主义”具有本质区别。对此，我们在思想上要有清醒的认识。

注释

①马克思，恩格斯.马克思恩格斯文集[M].北京：人民出版社，2009(3)：435.

②⑪中国近现代史纲要[M].北京：高等教育出版社，2013：236.

③马克思，恩格斯.马克思恩格斯选集[M].北京：人民出版社，1995(4)：730，1995(1)：277.

④⑤马克思，恩格斯.马克思恩格斯全集[M].北京：人民出版社，1979(47)：532，1979(42)：96.

⑥[美]罗伯特·劳伦斯·库恩.中国公民个人自由度很高[J].政府法制，2009(8).

⑦⑧中国首部反恐法通过外媒首先想到的却是“人权”[J/OL].(2015－12－27).http://www.guancha.cn/FaZhi/2015_12_27_346135.shtml.

⑨张国庆.美国的新闻底线与舆论导向[J].红旗文稿，2016-08.

⑩曹智，栾建强，李宣良.习近平在视察解放军报社时强调坚持军报姓党坚持强军为本坚持创新为要为实现中国梦强军梦提供思想舆论支持[J/OL].(2015-12-26).http://news.xinhuanet.com/politics/2015-12/26/c_1117588434.htm.

⑫辛向阳.从三个故事解读所有制与核心价值观的内在关系[J].学习论坛，2015(9).

第二章　平等是社会主义制度的基本原则

平等,作为观念的上层建筑,贯穿着人类思想史。“一切人,作为人来说,都有某些共同点,在这些共同点所及的范围内,他们是平等的,这样的观念自然是非常古老的。”但是,平等应该远不止于停留在观念层面,正如恩格斯指出的:“平等应当不仅是表面的,不仅在国家的领域中实行,它还应当是实际的,还应当在社会的经济的领域中实行。”①

在人类历史上,平等总是具体的、历史的,阶级性是它的主要特性。在人类历史的不同阶段,平等一直作为少数群体内部和谐共处的基本原则,被误读着和实践着。为了打破对平等的误读和误用,傅立叶创建的“法郎吉”式城乡结合、工农结合协作社、耗尽空想社会主义者欧文全部资产的“新和谐”公社,都试图在经济分配领域贯彻平等,进而将平等扩大推行到社会各个层面,但结果无一例外地换来英雄史诗般的壮烈悲歌。在空想社会主义道路上,还有无数思想家。他们前赴后继地艰辛跋涉,前后历经300多年,虽留下一曲曲动人心魄的空想悲歌,却也揭露了资本主义社会的罪恶,为科学社会主义的形成奠定了重要的思想基础。更重要的是,他们引发了一个关于平等的终极思考:真正意义上的平等真的会在人类社会实践中实现吗?

中国特色社会主义实践给出了这一问题的答案:在当今中国,“平等”作为一种价值理念,是中国特色社会主义坚持的最基本的原则;“平等”作为社会实践的内在要求,是中国特色社会主义探索并力求实现的终极目标。

社会主义核心价值观社会层面倡导的平等,不是仅仅停留在哲学思辨的层面,也不是仅仅止步于少数群体内部,而是基于社会现实的实践形式。它是以中国特色社会主义的实践为基础,以马克思主义为指导,以党的领导为核心,以社会主义制度为保障的真正意义上的平等。它涵盖政治领域权利的平等,经济领域分配权的平等,社会领域参与权、发展权平等,以及未来共享出彩机会的权利平等。这是由我国社会主义的国家性质所决定的。

社会主义核心价值观社会层面倡导的平等,也是充分基于我国国情,对现实的关照。一方面,从1978年改革开放以来,中国特色社会主义事业得到迅速发展,国民经济高速发展,中国已成为世界第二大经济体,人民群众物质文化生活水平不断提高,人均收入大幅增长。在我国经济社会快速发展、国家实力显著增强的同时，也要看到，城乡之间、行业之间、地区之间的差距持续扩大，人们的收入呈两极分化的趋势。如果不能很好地解决这些问题，经济领域的不平等现象将日益制约整个社会的健康发展，而且会影响人民对改革开放的信心，影响社会的和谐稳定。

另一方面，随着时代的发展，平等的观念已然深入人心，成为时代发展的必然要求。目前，我国正处在全面深化改革的关键时刻，社会正在发生深刻的变化，全面深化改革的过程从某种意义上说也是利益重新分配调整的过程。人民群众对平等的诉求已经不再仅仅局限于物质财富的公平分配，而是逐渐扩大到要求权利、机会、规则诸多方面的平等。可以说，社会层面核心价值观对平等的倡导，正是有的放矢、应运而生。

因此，通过经济社会的发展，用制度安排、法律规范和政策支持，着重把平等理念由理论层面贯彻到现实层面，从制度和实践层面大力消除发展中滋生的不平等现象，以社会民生问题、人民群众利益问题为导向，努力营造平等的社会环境，缩小贫富差距，确保人民平等参与、平等发展的权利，不仅是实现社会平等的必经之路，也是充分发挥平等在促进社会发展进步中有力杠杆作用的重要途径之一。

一、中国特色社会主义社会的价值追求

中国特色社会主义是科学社会主义理论逻辑和中国社会发展历史逻辑的辩证统一，是根植于中国大地、反映中国人民意愿、适应中国和时代发展进步要求的科学社会主义，是全面建成小康社会、加快推进社会主义现代化、实现中华民族伟大复兴的必由之路。平等，寓于中国特色社会主义的本质属性之中，是中国特色社会主义社会不可或缺的价值追求。

（一）人民民主专政是政治权力平等的保障

政治权利是指公民依据宪法和法律的规定，参与国家政治生活的行为可能性。它有两种表现形式：一种是公民参与国家、社会组织与管理的活动，以选举权和被选举权的行使为基础；另一种是公民在国家政治生活中自由地发表意见、表达意愿的自由。通常表现为言论、出版、集会、结社、游行、示威自由，简称政治自由。人民民主专政是政治权力平等的保障，其内涵是人民主权价值观。

人民民主专政在我国的确立具有理论和实践的必然性。中国共产党从诞生那天起就把马克思主义作为指导思想，通过新民主主义革命的历史实践，确立了马克思主

义在中国的指导地位。“坚持以马克思主义为指导，核心要解决好为什么人的问题。”[2]从理论上来看，把马克思主义作为指导思想，决定了中国共产党所持的平等观，在政治领域的实现形式是解放劳苦大众、解放穷人，把平等实现的范围扩大延展到劳动人民。这种价值追求的立足点是以阶级为价值取向的人民主权思想，它也构成了中国共产党领导的新民主主义革命核心价值体系的内核，即无产阶级要组织起来，以阶级斗争为手段，建立工农联盟为基础的各革命阶级联合专政的国家政权，逐步消灭私有制，通过发展生产力最终进入共产主义社会，将中国建设成为一个独立、自由、民主、统一和富强的国家。中国共产党的阶级价值取向决定了其代表的是中国工农劳苦大众的根本利益，劳苦大众是中国人口中的最大多数，也是我党依靠的根本力量。

人民民主专政是历史地形成的，这是中国人民在中国共产党领导下，根据中国具体国情，对新中国国家本质及其形式的唯一的、正确的政治选择。[3]旧中国是半殖民地半封建性质的国家，中国共产党要实现自己的阶级理想，就要打碎旧中国的国家机器，建立一个新型的国家机器，这个新型的国家机器就是人民民主专政。新民主主义革命时期，广大人民群众同帝国主义、封建主义、官僚资本主义之间的矛盾在政治上的表现是极度的不平等，中国共产党的阶级价值取向决定了其要以人民群众为基础，打破政治上的这种不平等。中国最广大人民群众被发动起来，为取得革命的最终胜利提供了根本的力量源泉。追根溯源，中国革命之所以能取得胜利，其最根本原因在于中国共产党代表了中国最广大人民群众的根本利益。

中华人民共和国建立以后，人民主权价值观的延续要以人民民主专政为表现形式，人民民主专政是中国特色社会主义必须坚持的一个基本原则。新中国成立后，政治领域中，人民民主专政制度下的平等，主要体现在宪法和法律框架之内的公民的基本权利平等和人格平等，即"中华人民共和国公民在法律面前一律平等""中华人民共和国妇女在政治的、经济的、文化的、社会的和家庭的生活等各方面享有同男子平等的权利""各民族一律平等"等。在实践中，党的十八大报告明确指出："党领导人民制定宪法和法律，党必须在宪法和法律范围内活动。任何组织或者个人都不得有超越宪法和法律的特权，绝不允许以言代法、以权压法、徇私枉法。"正如报告中指出的，我国的各项法律旨在维护广大人民群众的利益，每个公民都依法平等享有权利，社会中的人和人之间没有高低贵贱之分，只有社会分工的不同。每个公民都有选举权和被选举权，平等地享有管理国家的权力。公民通过全国人民代表大会和地方各级人民代表大会，参与国家管理，行使国家权力。

中华人民共和国公民平等地享有政治权利。图为参加全国人大会议的少数民族代表在人民大会堂前合影

概括来说，我国国家政权的实质和根本是人民民主专政。人民民主专政是我们从革命实践得来的主要经验，是社会主义制度下人民群众享有平等政治权力的有力保障。

(二)共同富裕

1824 年，闻名欧洲的企业家、慈善家和三大空想社会主义者之一的罗伯特·欧文带着 4 个儿子和一批信徒，横跨大西洋，立志要在北美新大陆创建一个“新和谐”公社，为全世界进入人类理想社会竖起一面大旗。他们在美国的印第安纳州，用 15 万美元买了 3 万英亩土地，聚集了

1000 多人,新和谐公社成立了!

欧文在书中对新和谐公社的环境进行了描述:“舒适的卧房面对着乡村的花园;大小适当的起居室面对着广场,此外还有许多公共的安排;这样便可以最大限度地为协作耕种者提供一切实用的和理想的居住条件。”[④]看得出,这里呈现出一派欣欣向荣、令人耳目一新的面貌。此外,欧文还制定了《新和谐公社组织法》,规定公社是根据“联合劳动、联合消费、联合保有财产和特权均等的原则建立起来的”。这样,新和谐公社实现了无数人在经济领域推行平等的夙愿。

但是,好景不长。由于参加公社的人员鱼龙混杂,其中有部分是欧文的忠实信徒,他们抱着实现共产主义的理想,但这部分人是少数,更多的人抱着投机和复杂的目的而来,随着时间的推移,各种矛盾暴露出来。其中,经济领域就出现了效率和平等的矛盾:绝对的平等抑制了生产积极性,导致生产效率低下,出现了“一个人挑水吃,两个人抬水吃,三个人没水吃”的现象。终于,1828 年,新和谐公社耗尽了欧文的全部资产,历经 3 年,土崩瓦解。

欧文的经历带给我们很多启示,也提出了问题:在经济领域中,效率与平等,二者真的是鱼与熊掌,不可兼得?

事实并非如此。

中国特色社会主义建设实践证明,既保证效率又实现平等，这不仅仅是一个纯粹的经济问题，它在更高程度上是中国共产党人基于现实情况作出的一种正确的政治选择。

1984年6月，邓小平同志在《建设有中国特色的社会主义》一文中说："什么叫社会主义，什么叫马克思主义？我们过去对这个问题的认识不是完全清醒的。马克思主义最注重发展生产力。我们讲社会主义是共产主义的初级阶段，共产主义的高级阶段要实行各尽所能、按需分配，这就要求社会生产力高度发展，社会物质财富极大丰富。所以社会主义阶段的最根本任务就是发展生产力，社会主义的优越性归根到底要体现在它的生产力比资本主义发展得更快一些、更高一些，并且在发展生产力的基础上不断改善人民的物质文化生活。如果说我们建国以后有缺点，那就是对发展生产力有某种忽略。社会主义要消灭贫穷。贫穷不是社会主义，更不是共产主义。"

在1992年南方讲话中，邓小平同志最终得出社会主义本质是"解放生产力，发展生产力，消灭剥削，消除两极分化，最终达到共同富裕"的论断。这一论断是在总结我国在社会主义现代化建设实践中正反两方面的经验教训基础上得出的，也是对我国经济社会发展迫切需要的理论回应。它强调的是，经济领域中不仅强调机会平等、规则平等和形式平等，还要注重结果平等，这些平等内涵体现了社会主义制度在经济领域的本质要求。

我们在经济领域所持的这种平等观，有别于传统的绝对平均主义。社会主义共同富裕思想，冲破了传统的绝对平均思想，在承认差别的过程中最终走向共同富裕。要达到共同富裕，必须牢牢坚持“发展就是硬道理”的理念。在发展过程中，坚持效率和公平的辩证统一。要鼓励一部分地区、一部分人，通过诚实劳动、合法经营先富起来，承认实现共同富裕过程中会存在差别，通过激发效率为发展注入活力。与此同时，社会主义的最终目的是要达到共同富裕，如果穷的愈来愈穷，富的愈来愈富，必然会导致两极分化，社会主义制度要避免两极分化就必须通过先富带动后富，先富起来的地区支持和帮助贫困地区的发展。一言以蔽之，平等观在经济领域的实质是既不削弱效率的活力，也不鼓励吃“大锅饭”的平均主义。

回顾我国改革发展历程不难发现，在改革发展的不同阶段，由于改革发展面临的任务和挑战不同，我们在经济领域中贯彻平等理念强调的侧重点不尽相同，平等的实现形式呈现出不同的面貌。

改革开放之初，我们以经济建设为中心，强调机会平等，坚持效率公平的统一，允许一部分地区、一部分人通过诚实劳动、合法经营先富起来。这些做法充分调动了投资和生产的积极性，极大地解放了生产力，成就了中国经济

30 多年的快速增长，为平等的实现奠定了重要的物质基础。

但是，随着我国经济社会快速发展，国家实力显著增强的同时，历史因素、地理环境等造成的区域经济社会发展不平衡现象开始出现，城乡之间、行业之间、地区之间差距开始持续扩大，导致了贫富差距拉大等新的社会问题。在收入呈两极分化的趋势下，人民群众对平等的诉求已经不再仅仅局限于物质财富的公平分配，而是逐渐扩大到要求权利公平、机会公平、规则公平等。因此，在这一时期，我们强调要把机会平等与结果平等、形式平等与实质平等辩证统一起来，关注最广大人民群众最直接、最现实的利益问题。

随着全面深化改革的不断推进，我国经济、社会都处于转型期。社会转型也是社会利益重新分配和调整的过程，社会转型的发展召唤更深层次的“平等”观念，“平等”由最初的物质财富的合理分配，逐渐扩大到对机会公平、权利公平、规则公平等要求上来。这要求我们注重全体人民共同享有改革发展的成果，在各个领域全面实现全体人民的平等权利。这一时期要求我们必须不断建立和健全社会主义市场体系，积极营造公平、有序的市场经济环境，依法平等地保护各类市场主体的合法权益，为各种所有制经济在生产要素使用、公平参与市场竞争等方面创造良好的社会环境。同时，要积极深入推进收入分配制度改革，通过合理税收等收入再分配手段努力缩小地区、城乡、行业等部门、领域存在的收入分配差距，消除因不合理收入而造成的不平等，处理好发展生产力和防止两极分化、“先富”与“共富”的辩证关系，使公平和效率之间保持适度的张力。

2012年，党的十八大以来，以习近平同志为核心的党中央进一步将平等的价值理念深入和贯彻到社会各个领域，在经济领域提出了一系列有利于促进社会主义市场经济持续、健康发展的价值理念和政策措施。仅在经济建设方面，党的十八大报告就有三处提及“平等”，即“保证各种所有制经济依法平等使用生产要素、公平参与市场竞争、同等受到法律保护”，“让广大农民平等参与现代化进程、共同分享现代化成果”，“促进城乡要素平等交换和公共资源均衡配置”。

党的十八届三中全会通过的《中共中央关于全面深化改革若干重大问题的决定》进一步明确指出，要建立公平开放透明的市场规则，实行统一的市场准入制度，在制定负面清单基础上，各类市场主体可依法平等进入清单之外领域。改革市场监管体系，实行统一的市场监管，清理和废除妨碍全国统一市场和公平竞争的各种规定和做法，严禁和惩处各类违法实行优惠政策行为，反对地方保护，反对垄断和不正当竞争。建立健全社会征信体系，褒扬诚信，惩戒失信。健全优胜劣汰市场化退出机制，完善企业破产制度。党的十八届三中全会还提出了健全城乡发展一体化体制机制的基本要求，重申了十八大报告提出的"让广大农民平等参与现代化进程、共同分享现代化成果"以及"推进城乡要素平等交换和公共资源均衡配置"的政策主张。这些决定为各类市场主体能按规则平等地使用要素，平等地参与市场竞争奠定了坚实的基础。

此后，党的十八届四中全会通过的《中共中央关于全面推进依法治国若干重大问题的决定》又进一步指出，"平等是社会主义法律的基本属性"，"依法保障公民权利，加快完善体现权利公平、机会公平、规则公平的法律制度，保障公民人身权、财产权、基本政治权利等各项权利不受侵犯，保障公民经济、文化、社会等各方面权利得到落实，实现公民权利保障法治化。增强全社会尊重和保障人权意识，健全公民权利救济渠道和方式"，坚决治理和杜绝"执法司法不规范、不严格、不透明、不文明"等现象，真正做到司法公正、法律面前人人平等。

可以看出，党的十八大以来，随着我国平等推行领域的拓宽和实现深度的加深，兼顾效率与公平，实现共同富裕，在经济领域最大程度上推行平等，是我们党致力于解决的重要问题。在经济共同富裕基础上，致力于构建平等的社会，是党和国家奋斗的核心目标和任务之一。

（三）平等参与和平等发展

党的十八大以来，在全面建成小康社会的目标设定中，党和国家对社会领域中贯彻平等理念的重视和强调，不仅仅是现实问题的倒逼，更多是我们对平等在社会领域实现形式认识的深化。

社会领域中真正的平等应该是社会参与、发展的机会平等。党的十八大报告明确提出，要“努力营造公平的社会环境，保证人民平等参与、平等发展权利”。2013 年 3 月 17 日上午，习近平总书记在第十二届全国人民代表大会第一次会议闭幕会上指出：“我们要随时随刻倾听人民呼声、回应人民期待，保证人民平等参与、平等发展权利，维护社会公平正义，在学有所教、劳有所得、病有所医、老有所养、住有所居上持续取得新进展，不断实现好、维护好、发展好最广大人民根本利益。”

显而易见，在社会平等问题上，中国特色社会主义建设以维护好、发展好、实现好中国最广大人民群众的根本利益为出发点和落脚点，超越了传统社会主义在经济领域对社会资源平等分配的价值追求，平等作为社会构建追求的最终目标被预设为“全体人民各尽其能、各得其所而又和谐相处的局面”。

党的十八大以来，以习近平同志为核心的党中央强调要“减少特权、增加平等”，注重保障人民群众平等参与、平等发展的权利，力求建立更加平等、公正的社会。例如，十八届三中全会通过的《中共中央关于全面深化改革若干重大问题的决定》指出，要“规范招人用人制度，消除城乡、行业、身份、性别等一切影响平等就业的制度障碍和就业歧视”。可见，平等已然成为我国社会体制改革的重要目的和价值取向。

构建社会领域中实质的平等，首先要致力于平等意识、平等思想的树立以及平等制度的建设。2013 年 11 月 19 日，刘云山同志在《人民日报》发表的《加强和改善党对全面深化改革的领导》一文中指出：“针对当前一定程度上出现了社会分层‘凝固化’和社会流动‘缓慢化’现象，打破体制壁垒，扫除身份障碍，让人人都有成长成才、脱颖而出的通道，让各类人才都有施展才华的广阔天地。”

其次，实施和完善倾向于弱势群体的政策措施，对贫困地区和人群加以适当的政策倾斜。例如，在教育方面，党和国家大力推进教育平等，加大对少数民族地区的政策扶持力度。党的十八大报告提出要“积极推动农民工子女平等接受教育”，并且再次重申了“坚持男女平等基本国策”。2014 年 5 月 28 日，习近平总书记在第二次中央新疆工作座谈会上发表的重要讲话中也指出：“要坚持教育优先，培养优秀人才，全面提高入学率，让适龄的孩子们学习在学校、生活在学校、成长在学校。要吸引更多优秀人才投身教育，国家的教育经费要多往新疆投。”

我国各级政府对薄弱领域和相对落后地区加大投入，促进区域经济协调发展，让人民群众享受均等化公共服务，改善民生，缩小差距，实现共同富裕。图为“全国唯一不通公路县”西藏自治区墨脱县的公路于2013年10月31日正式通车

再次，推动实现城乡一体化发展，构建以改善民生为重点的城乡社会保障和公共服务体系，以实现人们生存的基本起点平等为目标，不断完善和提升制度化的基本保障，保障人民群众在社会领域中平等参与、平等发展的权利。目前，城乡发展不协调、不平衡是制约我国经济社会

持续、健康、快速发展的重要瓶颈，推动城乡一体化改革成为我国实现经济社会持续、健康发展的必然要求，也是我国全面建成小康社会的重中之重。因此，要在以习近平同志为核心的党中央领导下，在十八届三中全会关于全面深化改革思路的指引下，深入推进教育、就业、分配、医疗、住房等领域的综合改革，进一步完善实现城乡发展一体化的体制机制，建立健全城乡社会保障体系和公共服务体系，赋予农民更多财产权利，促进城乡生产生活要素平等交换和实现公共资源的均衡配置，逐步实现城乡居民基本权益平等化，极大地破解、消除了城乡发展壁垒、推进公民社会身份的相对平等。

（四）共享人生出彩机会

2012 年 11 月 29 日，党的十八大刚刚闭幕不久，习近平总书记在率领中央政治局常委和中央书记处的同志来到国家博物馆参观《复兴之路》展览时，明确提出了“中国梦”。对于“中国梦”的内涵要义，他指出：“我以为，实现中华民族伟大复兴，就是中华民族近代以来最伟大的梦想。”

“中国梦”处在承前启后、继往开来的新的历史方位。“中国梦”的目标就是到 2020 年全面建成小康社会，到 21 世纪中叶建成富强、民主、文明、和谐的社会主义现代化国家；“中国梦”的内涵就是让人民“共同享有人生出彩的机会，共同享有梦想成真的机会，共同享有同祖国和时代一起成长与进步的机会”。“中国梦”是对中国未来的指向，方向的明确使中国人民对未来充满信心，这是在改革开放30多年的基础上，社会主义中国在新的起点上扬帆起航。历史将再次证明，“只有社会主义才能救中国”“只有中国特色社会主义才能发展中国”，才能实现国家的繁荣富强和人民生活的幸福。

“中国梦”源于我们国家民族的文化和发展道路选择，是社会主义核心价值观的集中体现。

实现“中国梦”，要依靠中国道路、中国精神、中国力量，要依靠包含爱国主义在内的社会主义核心价值体系。习近平总书记强调指出，中国梦是我们国家和民族的梦想，这个梦想实现后将会惠及每一个人，这个梦想是先国家后个人，体现出的一个核心思想是“共享”。“中国梦”是中国共产党人在新时期对平等的坚定表达和深刻阐释。

“中国梦”从社会主体的角度反映了中国社会各个阶层的平等期盼，是整个中华民族的平等理想。“中国梦”是国家的梦、民族的梦、每个中华儿女的梦，是国家富强的梦，民族振兴的梦，人民幸福的梦。具体来说，国家富强、民族振兴是每个中华儿女共同的“大梦”。“大梦”的实现又依赖于个人“小梦”的汇集，“小梦”筑“大梦”。汇集个人“小梦”的“中国梦”，超越阶层、党派、行业、贫富，无论何种阶层、党派、行业、贫富，在追求实现“中国梦”的问题上根本利益是一致的。“中国梦”具有强大的凝聚力，它建立在自觉自愿和个性自由基础上，是海内外中华儿女强大而持久的精神支撑和力量之源，构筑了中华民族共同的精神家园，守护好中华民族的精神领地，夯实了中华民族伟大复兴的“健康基础”。

“中国梦”指明了未来通往平等社会的实现路径：要保障民众平等参与、发展的权利。这条道路“是在改革开放30多年的伟大实践中走出来的，是在中华人民共和国成立60多年的持续探索中走出来的，是在对近代以来170多年中华民族发展历程的深刻总结中走出来的，是在对中华民族5000多年悠久文明的传承中走出来的，具有深厚的历史渊源和广泛的现实基础”。

“中国梦”的核心是人人平等、机会均等。家是最小的国，国是最大的家，家国一体，家国同筑历来是中国人世代相传的传统认知。“中国梦”是民族的梦想，也是个人的梦想，两者之间不相冲突，要尊重个人对梦想的追求，平等地给每个人提供“梦想成真”的机会，最终每个人的“中国梦”汇集成强大的力量去实现国家和民族的梦想。“中国梦”实现的基础，是要让个人梦想的实现取决于自身的努力和才能，而不是家世、背景，让每个人通过自己不懈的努力和艰苦的奋斗都可以获得成功，过上幸福美满的生活。因此，机会面前人人平等是“中国梦”的核心和灵魂。国家和政府应该积极营造的公平社会环境，要以法律和制度为支撑，保障人民享有平等参与、平等发展的权利，为每个公民发展提供公平的起点，拓宽社会底层向上层流动的通道，让每个人不论其家庭出身、社会背景，通过自己的艰苦奋斗和努力，都可以取得成功和实现自己的人生价值。

实现宏伟的中国梦，需要一个个人、一点点去做。实现中华民族伟大复兴，不是哪一个人、哪一部分人的梦想，而是全体中国人民共同的追求；“中国梦”的实现，不是成就哪一个人、哪一部分人，而是造福全体人民。从2012年开始，“中国梦”一经提出，就释放出了强大的号召力和感染力，成为中国走向未来的鲜明指引，成为激励中华儿女团结奋进、开辟未来的一面精神旗帜。

二、源远流长的中国古代平等观

中国是一个有着悠久封建等级社会历史传统的国家，正是因为这一传统，平等很早就走进了人们的视野并形成了核心思维和核心价值主张。

（一）几种代表性的平等观

中国儒家传统对平等的理解可以说是涉及社会的方方面面，既有德行平等，也有经济和教育的平等，还有和谐的平等。

道家学说立足于“道”这一根本，提出基于共同的

"道"而产生的天人关系、人人关系都不应该存在任何的差别,他们对当时社会生活中出现的贫富不均现象深表不满,提出要通过"损有余而补不足",让人人都享有经济上分配平等的权利。

墨家主张人与人之间不能够在血缘亲疏和富贵等级之间人为地划界,而应该超越这一切,实现人与人之间的互爱互利。

法家主张崇尚法律的权威,提出了"刑无等级"的主张,君主和臣民在法律面前都是平等的,王子犯法也应与庶民同罪。

(二)中国传统平等思想的特征

概括来说,中国传统的平等思想具有以下特征:

首先,对平等概念的阐释建立在人性论的基础上,其核心观点是人性相似,但都具有相当的可塑性。孔子认为:"性相近也。"这是说人的本性是相似的。同时,人性论还认为"人皆可以为尧、舜""满街人都是圣人",每个人只要立志向善,按照成圣成贤的标准修身养性,那么每个人都可以成为像尧、舜那样具有高尚品德的人,这一点对每个人来说是没有差别的。

其次,在政治理想上高度关注平等,其核心思想集中体现在对大同社会的追求和向往。《礼记·礼运》曾深情地描述了一个"天下为公"的大同社会,在大同社会里,生产资料及其他的一切社会财富，由全体社会成员共同占有，人人参加生产劳动，不存在不劳而获的特权阶层。政治机会面前人人平等，德和才是一个人平等地享有参与政事机会的根本依据。在大同社会，社会福利也极尽完善，男女老少、鳏寡残疾各有所得，公平公正地享有社会所提供的福利，没有高低贵贱之分。社会成员之间的平等互助是儒家大同社会的基本原则。

再次，经济上追求平等，集中体现在“均贫富”的思想。孔子认为，“政在使民富”“不患寡而患不均”。孔子认为，经济平等对保障人民的生存权和人格权具有重要的基础性作用，也是实现社会和谐稳定的根本问题，更是统治阶级维护其正常统治的必要条件。《管子·牧民》指出：“仓廪实而知礼节，衣食足而知荣辱。”这说明物质生活是满足人民生存最起码的需求，这是保全人民自然生命的物质基础。在实现自然生命保全的基础上，人们才有余力和闲暇养成自己的人格尊严和提升自己的道德品质。只有当人们的道德修养得到普遍的提升，社会环境才会变得秩序井然。因此，减轻税赋、与民休息，避免社会贫富悬殊而“藏富于民”，是中国传统思想通过追求经济平等而积极倡导的治国安民之道。

第四，在法律实施方面，“刑无等级”是中国古代法家等思想流派提倡的重要原则。中国历史上的每一个封建社会都是等级森严的，它通过经济制度、政治法律、人伦礼教等各种途径，规定了不同社会阶层不同的生产、生活方式以及不同的权利、义务。“礼不下庶人，刑不上大夫”体现了士大夫阶层是封建社会的特权阶级。法律是封建官僚贵族统治人民的工具，官僚贵族凭借政治上、法律上的特权，不受法律的约束和限制。但这并不妨碍中国古代思想流派中对公平司法、平等执法的追求和向往。《商君书·赏刑篇》中写道：“刑无等级，自卿相、将军以至大夫、庶人，有人不从王令、犯国禁、乱上制者，罪死不赦。有功于前，有败于后，不为损刑；有善于前，有过于后，不为亏法。忠臣孝子有过，必以其数断。”这表现了以法家为代表的思想流派对公平司法、平等执法的执着追求。

可以认为，封建社会时期的中国传统思想对平等的诉求是简单、朴素的，形成于对不平等的封建制度的反思和反抗的过程中。在《反杜林论》中，恩格斯曾指出：“对明显的社会不平等，对富人和穷人之间、主人和奴隶之间、骄奢淫逸者和饥饿者之间的对立的自发反应——特别是在初期，例如在农民战争中，情况就是这样；它作为这种自发反应，只是革命本能的表现。”封建社会传统思想中的平等观，体现的是占社会绝大多数底层劳动人民的利益诉求，表达的是对极不平等的封建社会制度的控诉。但是，传统思想中关于平等的价值理念也有自身的局限性，在于对平等的思考过于理想化、简单化，现实中也难以实现。

三、正确认识资产阶级平等观

历史地看,在资本主义发展的初始阶段,“平等”在很大程度上保护了资产阶级的利益,推动了社会的发展和进步。因此,从反对封建制度的角度来说,平等与自由一样,在近代西方社会发展具有一定的积极意义。

(一)有限的积极意义

平等在近代西方社会发展中具有的积极意义,主要体现在其反对封建制度的斗争中。

14 至 15 世纪,随着海上新航路的发现,从美洲大陆带回的大量黄金、白银,促进了西方商品交易的迅速发展,手工业、商业的发展带动了欧洲城市的兴起。这些城市的大多数居民是从封建领地里逃亡出来的农奴,伴随着城市工商业的发展,他们中的一部分人渐渐成为富商、高利贷者、房产主等城市贵族,他们就是历史上第一批资产阶级。

马克思曾说过,商品是天生的平等派。商品内凝结着无差别的一般人类劳动,这在本质属性上规定了商品的平等性。在商品交换中,货币固定地充当一般等价物的特殊商品,商品与货币交换的实质体现了商品生产者之间平等的社会经济关系。由于商品交换是不同主体间进行的等价交换,所以交换双方只有本着自愿、平等、有偿的原则才能实现交换，从这个意义上说，主体间的关系是平等的。基于这些，新兴的资产阶级要做买卖，他们自然会强烈要求平等的权利。

但是，资产阶级在经济上的平等要求，受到封建政治特权、行会制度及各种各样的摊派法令的严重阻挠。为了争取自由贸易、发财致富的机会，资产阶级提出"自由、平等、博爱"的政治口号，将城市贫民和农民阶级联合起来共同反抗封建特权，并最终取得了胜利，推翻了封建专制统治，建立了资产阶级共和国。

但是，随着资本主义在法国乃至整个西方社会迅速发展，阶级关系发生了新的变化，社会日益分裂为资产阶级和无产阶级，当资产阶级的政治角色由革命者转向执政者的时候，资产阶级平等观的进步性止步于其身份的转换。资产阶级对劳苦大众进行了残酷的剥削，资本主义社会内部实际不平等的弊端日益暴露，其平等观的本质局限性开始充分暴露。

以法国大革命为例。以争取平等为核心的法国大革命废除了封建专制统治，使资本主义民主共和制在法国历史上发端，大大推进了资本主义工商业的发展。法国大革命，作为争取平等的平民革命，它以基本法的公开文本取消了封建贵族特权，使全体公民都有行使平等权利的政治自由，这不仅对资产阶级，而且对工人、农民群众，都是一次思想的解放。法国议会把财产权与不可剥夺的天赋人权置于同等地位，这就使得“平等原则又由于被限制为仅仅在‘法律上的平等’而一笔勾销了，法律上的平等就是在富人和穷人不平等的前提下的平等，即限制在目前主要的不平等的范围内的平等，简括地说，就是简直把不平等叫做平等”。[5]

资产阶级以抽象的人性论为基础论证天赋人权的合理性，抹杀了平等的历史性和阶级性，把资产阶级一个阶级的平等要求粉饰为全人类的普遍要求，从而使其平等观绝对化、神圣化。人人平等的实质是金钱面前人人平等，所谓的人权是资产阶级平等地剥削劳动力的权利。资产阶级以建立在资本主义生产资料私有制经济基础之上的资本主义民主政治，以法律的形式将资产阶级的一己私利上升为国家意志，以国家法的形式，有力地保障了资产阶级私有财产的利益和平等剥削劳动力的权利，并杜绝了无产阶级通过民主政治手段表达本阶级平等要求的可能性。诚如恩格斯所说，“平等的观念，无论以资产阶级的形式出现，还是以无产阶级的形式出现，本身都是一种历史的产物，这一观念的形成，需要一定的历史条件，而这种历史条件本身又以长期以往的历史为前提。所以，这样的平等观念说它是什么都行，就不能说是永恒的真理”。[6]

可以说，资本主义的平等只局限于资产阶级内部，从根本上看，资本主义的平等是有产者的平等，对于广大无产阶级而言是形式的、虚伪的。资本主义平等的基础是生产资料私有制，资本的多少和财产的多寡在政治生活中起着决定性作用。占有较多经济资源和财富的资产阶级通过各种途径掌握公共权力，以保护和扩大自己的政治经济利益，资产阶级倡导的平等成了以金钱为基础的“富人的游戏”。

所以，我们说在阶级社会里，不可能有全社会的、超阶级的平等，只能有阶级内部的平等。即使是在今天西方发达的资本主义国家，最高统治者大多具有雄厚的家庭、社会背景，普通民众之间同样缺乏平等权利的保证。以美国为首的西方国家，活跃着各种维护、争取平等权的社会团体，这些社会团体的存在本身就说明在现代西方社会中平等还是少数人的平等。例如，美国社会种族平等、妇女歧视等问题，迟迟得不到解决。妇女的选举权与男子相比受到过多的限制。黑人的权利虽然经过激烈斗争，但至今还未实现真正的平等。这些现实都说明在阶级社会里，实质上的平等是根本不存在的。基于这些，我们对平等在近代西方社会发展的积极意义，要有清醒的认识。

（二）掀开西方“普世价值”的神秘面纱

近年来，社会上那些赞同西方“普世价值”的人认为，民主、自由、平等、人权、博爱等是人类共同追求的价值观，适用于所有国家和社会。对“普世价值”的这一错误认识，在我国思想领域搅起一滩浑水，造成很多人思想的困惑。

因此,澄清认识,掀开西方“普世价值”的面纱,十分有必要。

西方“普世价值”宣扬的“自由、平等、公正、法治”,将抽象的“共同人性”“人类本性”奉为最高价值标准,把政治价值与人性价值、理想价值与空想价值混为一谈。西方国家向全世界输出和宣扬“普世价值”的实质在于推销其所谓的“自由体制”和“民主国家体系”,其目的是用抽象的人道主义和人性论作为最高价值标准来打压“国权”,从而在全世界实现资本主义的霸权和利益。

此外,宣扬和输出“普世价值”也是西方国家对其他国家推行和平演变战略的重要一环。西方国家向我国极力输出和宣扬所谓“普世价值”,其根本目的在于否定我国的中国特色社会主义道路、否定马克思列宁主义的理论指导地位、否定中国共产党的领导、否定人民民主专政。

习近平总书记深刻指出:“价值观是人类在认识、改造自然和社会的过程中产生与发挥作用的。不同民族、不同国家由于其自然条件和发展历程不同,产生和形成的核心价值观也各有特点。一个民族、一个国家的核心价值观必然同这个民族、这个国家的历史文化相契合,同这个民族、这个国家的人民正在进行的奋斗相结合,同这个民族、这个国家需要解决的时代问题相适应。世界上没有两片完全相同的树叶。一个民族、一个国家,必须知道自己是谁,是从哪里来的,要到哪里去,想明白了、想对了,就要坚定不移朝着目标前进。"[7]

所以,不同性质的社会形态之间的文化或者核心价值观,不能照搬,不能仿造,不能接轨,也不可能对接。它们之间的关系只能是对应、对立、借鉴、超越的关系。不同社会形态的文化之间,继承性是局部的、有条件的、次要的,"质"的差别性才是主要的、绝对的、全局性的。分析任何事物,如果丢弃了定性的"质"的差别,就会丢掉方向和灵魂。如果倒向西方"普世价值",接受或照搬西方的价值观,就会使得中国特色社会主义丧失文化自觉和文化自信。沿着这种思想走下去,最终必然导致民族、历史虚无主义,背离中国特色社会主义的主旋律。[8]

历史和现实也一再反复证明,如果倒向西方的"普世价值",是要付出血的代价的。从近现代世界历史来看,"普世价值"掩盖下的却是西方国家的侵略、掠夺和给受害国人民带来无穷无尽的灾难。单从近代中国苦难的历史进程来看,从 19 世纪初起,以英国为代表的西方列强通过坚船利炮入侵中国,迫使清政府签订一系列不平等、丧权辱国的条约,使中国完全沦为半殖民地半封建社会,把中华民族推向了灾难深重的境地。在 1840 年以后的 100 多年时间里,西方主要列强都参与了对中国的侵略和瓜分,列强的侵略和瓜分成为近代中国社会一切苦难的根源。

残酷的现实一再证明,近些年来西方国家在一些国家和地区大肆宣扬"普世价值",推动、操纵这些国家进行所谓的“颜色革命”，不仅没有给这些国家带来社会稳定、经济发展和人民生活水平的提高，相反却导致这些国家陷入长期的政治动荡、经济衰退、社会混乱、难民流离失所等等。对于这些国家血的教训，习近平总书记在纪念毛泽东同志诞辰120周年座谈会上讲话时强调，“站立在960万平方公里的广袤土地上，吸吮着中华民族漫长奋斗积累的文化养分，拥有13亿中国人民聚合的磅礴之力，我们走自己的路，具有无比广阔的舞台，具有无比深厚的历史底蕴，具有无比强大的前进定力。中国人民应该有这个信心，每一个中国人都应该有这个信心。我们要虚心学习借鉴人类社会创造的一切文明成果，但我们不能数典忘祖，不能照抄照搬别国的发展模式，也绝不会接受任何外国颐指气使的说教”。⑨

再反观西方国家自身的社会状况。一些西方国家自身长期存在着性别、种族歧视，存在着贫富分化、劳资对立和人权没有保障等背离“普世价值观”的严重社会问题。以美国的种族问题为例，种族主义者认为，每一种肤色都是身体、心志与道德水平的体现，肤色浅是物种进化到高级阶段的标志，高级物种生来具有创造高度文明的本能，而深色人种天性愚笨，只能成为被统治的对象。按照肤色深浅，古代西方的人对人种进行划分，肤色最浅的属于等级阶梯的最高级，肤色最黑的自然降到最低级，中间的是黄皮肤的蒙古人与马来人，红皮肤的美洲印第安人以及种族混杂的拉丁美洲人。[10]

虽然1776年美国《独立宣言》宣称“人人生而平等”，但实际上“平等”不适用于妇女、穷人、黑人，只适用于男性富人。美国社会长期存在无视甚至践踏人权的种族隔离制度。直到1965年，在强烈的反种族歧视的浪潮中这种不平等的制度才被取消。在当今美国，种族主义问题仍经常出现。

2011年4月，美国海军陆战队驻阿富汗南部赫尔曼德省的华裔下士廖梓源因为站岗时打瞌睡，遭到多名士兵长时间的侮辱、打骂和体罚，最终含恨举枪自杀，年仅21岁。2011年10月3日，19岁的华裔一等兵陈宇晖因忘记关好洗澡用的热水器，遭到一群暴怒的“战友”的袭击。几个小时后，陈宇晖被发现死在哨兵岗楼里，死因让人质疑。

除了这两起美国社会广泛关注的华裔士兵因种族歧视被虐致死事件，大量事实表明，在标榜“自由”“平等”“博爱”的美国社会中，有色人种最基本的生存权利都得不到切实的保障，更谈不上发展权利和机会的平等，白人与有色人种享受的权利是极不平等的。不得不说，这是对西方所谓“普世价值”大肆宣扬的“平等”的无情讽刺。

注释

①马克思，恩格斯.马克思恩格斯选集[M].北京：人民出版社，1995(3)：444，448.

②习近平.在哲学社会科学工作座谈会上的讲话[N].人民日报,2016-05-19(2).

③王伟光.坚持人民民主专政并不输理[J].红旗文稿,2014(18).

④中共北京市委宣传部,中共北京市委讲师团,北京电视台组织编写.正道沧桑——社会主义500年[M].北京:中共党史出版社,北京出版社,2013:29.

⑤吴晓云.社会主义核心价值观.关键词.平等[M].北京:中国人民大学出版社,2015:14.

⑥马克思,恩格斯.马克思恩格斯选集[M].北京:人民出版社,1995(3):448.

⑦⑨习近平.习近平谈治国理政[M].北京:外文出版社,2014:171.

⑧刘书林.培育社会主义核心价值观的基本原则[J].思想理论教育,2013(3).

⑩刘绍贤.欧美政治思想史[M].杭州:浙江人民出版社,1987:64.

第三章　公正是社会主义的基本价值追求

在中国历史上，几乎每个朝代都经历了从相对公平、不公平、极端不公平，到下层人民无路可走最后揭竿而起、重建政权这么一个过程。反观每一个没落的朝代，在被推翻前夕，其社会生产力基本上都达到了当时的历史最高水平，社会呈现出基于当时生产力水平的繁荣景象。

但是，这些社会中的财富却高度集中在少数人手中，社会出现极端的不公现象，社会成员被分化为对立的两级：少数人不劳而获，生活颓废腐败；辛勤劳动的底层劳动人民却食不果腹，生活难以维系。

从公平的角度来看，中国历史上这一独特的社会周期律现象可以概括为：极端的社会不公导致社会崩溃、政权更迭，随着一个新的政权建立，社会达到相对公平，从而新的一轮更迭开始，历史就这样在周而复始的政权更迭中前行。可以说，极端的社会不公是中国历史周期律的一个重要推手。因此，我国社会历来有“不患寡而患不均”的观念。

1945年7月,黄炎培等六位国民参议员赴延安会谈。期间,黄炎培先生在与毛泽东同志会谈时,提出执政党如何跳出中国政权更迭历史周期律的问题。当时,毛泽东同志给出的答案是“民主”。事后,黄炎培先生写下了自己对毛泽东同志答话的感想。他写道:“我想:这话是对的。只有大政方针决之于公众,个人功业欲才不会发生。只有把每一地方的事,公之于每一地方的人,才能使地地得人,人人得事,用民主来打破这个周期律,怕是有效的。”这就是历史上著名的“窑洞对”。从民主的角度,“窑洞对”揭示要想打破执政周期律,中国共产党要坚持人民立场这个真理。

2012年12月24、25日,习近平总书记在走访民主党派时,谈到毛主席和黄炎培在延安窑洞关于历史周期律的这段对话,称其至今对中国共产党都是很好的鞭策和警示。“得众则得国,失众则失国。”习近平同志指出:“如果管党不力、治党不严,人民群众反映强烈的党内突出问题得不到解决,那我们党迟早会失去执政资格,不可避免被历史淘汰。”这绝不是危言耸听。

中国共产党对社会公正有着清醒的认识,把它作为党和政府工作的重点,在实践中下大力气予以解决。中国共产党十六届四中全会在《中共中央关于加强党的执政能力建设的决定》中把社会公正放到了一个突出的位置，提出要“注重社会公平”“促进社会公平和正义”。十七大报告明确指出“实现社会公平正义是中国共产党人的一贯主张，是发展中国特色社会主义的重大任务”。

在党的十八大报告中，“公正”是一个出现频率很高的词汇。公平正义是中国特色社会主义的内在要求”，是中国共产党夺取新的胜利的“基本要求”，也是全党全国各族人民的“共同信念”，必须要坚持维护社会的公平正义。党的十八大报告指出，要在发展社会经济的基础上进一步加强有利于保障社会公平正义的制度建设，努力营造公平的社会环境，保证人民平等参与、平等发展的权利。建设社会公平保障体系需要以权利公平、机会公平、规则公平为主要内容；为使发展成果更多、更公平地惠及全体人民，还需着重解决收入分配差距较大的问题，使各收入阶层的人民都能够朝着共同富裕的方向稳步前进。在党的十八大新修订的党章中，也将“公平正义”列为建设和谐社会的基本原则之一。

强调社会公正，背后暗含的是以人民为中心，坚持人民主体地位这一核心问题。换句话说，执政党能否坚持人民主体地位，确保社会在最大程度上实现公平，是其能否跳出执政规律的重要因素之一。

正所谓民心是最大的政治，公正是最强的力量。我们

“要把维护社会大局稳定作为基本任务，把促进社会公平正义作为核心价值追求，把保障人民安居乐业作为根本目标”，[1]倾听人民群众的呼声，回应群众的期待，最大程度上实现社会的公正，解决好人民大众切身相关的问题，最大程度上让每个人都受到公正的对待，这是我们党顺应世情民意、实现国家和社会长治久安的根本。

一、促进社会公平正义增进人民福祉

习近平总书记在中央政法工作会议上指出的：“要把维护社会大局稳定作为基本任务，把促进社会公平正义作为核心价值追求，把保障人民安居乐业作为根本目标，坚持严格执法公正司法，积极深化改革，加强和改进政法工作，维护人民群众切身利益。”党的十八大以来，党中央始终以人民的根本利益为出发点和落脚点，以改善民生为工作重点，以兜住民生底线为制度建设的基本原则，通过出台一系列有力的改革措施，有力促进了社会公平正义的实现。

（一）使人民共享改革红利是最大程度上实现社会公正

世事不离人。任何一项伟大事业要成功，都离不开人民的支持和参与。只有得到人民支持的事业，才能集聚起人民的力量，由人民共同来完成。那些违背人民意愿，脱离人民的事业，都将成为无源之水、无本之木，都是不能成功的。对于坚持人民主体地位，习近平总书记高度重视，他强调指出："要开创中华民族伟大复兴新局面，我们党就必须始终把全心全意为人民服务作为根本宗旨，始终把人民拥护和支持作为力量源泉，坚持把人民放在心中最高位置。我们要坚持一切为了人民、一切依靠人民，永远保持对人民的赤子之心，永远同人民站在一起，推动改革发展成果更多更公平惠及全体人民，朝着实现全体人民共同富裕的目标不断迈进，把 13 亿多中国人民凝聚成推动中华民族发展壮大的磅礴力量。"②

中国共产党 95 年的历史证明，党的根基在人民、党的力量在人民。人民立场是中国共产党的根本立场，是马克思主义政党区别于其他政党的显著标志。与人民同甘共苦、风雨同舟、生死与共，是党战胜一切困难和风险，跨越执政历史周期律的根本保证。

中国共产党人矢志不渝地坚持实现共同富裕，这是重视坚持人民主体地位的一个重要体现。新中国成立初期，毛泽东同志就指出："现在我们实行这么一种制度，这么一种计划，是可以一年一年走向更富更强的，一年一年可以看到更富更强些。而这个富，是共同的富，这个强，是共同的强，大家都有份。"随后，邓小平也根据改革开放的新时代特点和对社会主义本质的思考多次强调共同富裕。

1990年12月，他在同几位中央负责同志谈话时指出："共同致富，我们从改革一开始就讲，将来总有一天要成为中心课题。社会主义不是少数人富起来、大多数人穷，不是那个样子。社会主义最大的优越性就是共同富裕，这是体现社会主义本质的一个东西。"江泽民同志强调："实现共同富裕是社会主义的根本原则和本质特征，绝不能动摇。"胡锦涛同志也要求"使全体人民共享改革发展的成果，使全体人民朝着共同富裕的方向稳步前进"。2015年10月26日至29日，党的十八届五中全会上，习近平总书记首次提出了共享发展理念，指出"坚持共享发展，必须坚持发展为了人民、发展依靠人民、发展成果由人民共享，作出更有效的制度安排，使全体人民在共建共享发展中有更多获得感，增强发展动力，增进人民团结，朝着共同富裕方向稳步前进"。

从"共同的富""共同富裕"，再到"共享发展理念"，坚持人民主体地位是贯穿其中的一根主线，这不仅体现了我党，以全心全意为人民服务为根本宗旨，坚持以人民作为推动改革发展的根本力量的唯物史观，也体现出我们党一以贯之的公正观：人民共享，是最大程度上实现社会公正。正如习近平总书记所说："带领人民创造幸福生活，是我们党始终不渝的奋斗目标。我们要顺应人民群众对美好生活的向往，坚持以人民为中心的发展思想，以保障和改善民生为重点，发展各项社会事业，加大收入分配调节力度，打赢脱贫攻坚战，保证人民平等参与、平等发展权利，使改革发展成果更多更公平惠及全体人民，朝着实现全体人民共同富裕的目标稳步迈进。”[3]

共享理念的实现要以共建为现实途径，共建是共享的基础。实现社会公平正义是由多种因素决定的，最主要的因素还是经济社会的发展水平，还是物质基础的积累。在历史的不同时期、不同的社会发展阶段，不同阶层、不同思想认识的人们对社会公平正义的认识不尽相同，对公平正义的诉求也不一样。因此，习近平总书记指出：“我们讲促进社会公平正义，就要从最广大人民根本利益出发，多从社会发展水平、从社会大局、从全体人民的角度看待和处理这个问题。我国现阶段存在的有违公平正义的现象，许多是发展中的问题，是能够通过不断发展，通过制度安排、法律规范、政策支持加以解决的。我们必须紧紧抓住经济建设这个中心，推动经济持续健康发展，进一步把‘蛋糕’做大，为保障社会公平正义奠定更加坚实的物质基础”。[4]

贯彻共享理念，发展受益者要覆盖全体人民。我们说，物质基础是实现社会公平正义的主要决定因素，但这绝不是说就等着经济发展起来了再解决社会公平正义问题。一个社会时期有一个社会时期的问题，发展水平高的社会有发展水平高的社会问题，发展水平低的社会有发展水平低的问题,我们不仅要把“蛋糕”做大,同时还要把“蛋糕”分好。只有少数人或者一部分共享,这不能称之为公正,只有人人享有、各得其所才是真正的共享。只有让人民群众有更多的获得感,社会主义的优越性才能体现出来。

我国坚持以政府投入为主,均衡配置教育资源,大力促进教育均衡、优质发展,缩小校际城乡差距,让每个孩子共享教育公平的阳光。2015 年以来,甘肃省临夏回族自治州东乡族自治县加快推进农村薄弱中小学校改造项目,筹措资金为设施陈旧的学校铺设塑胶或人造草皮运动场地,配置乒乓球台、标准篮球架等各类体育器材。图为甘肃东乡族自治县高山乡布楞沟村小学的学生在体育课上打篮球

正如习近平总书记所说:“我们要在不断发展的基础上尽量把促进社会公平正义的事情做好,既尽力而为、又量力而行,努力使全体人民在学有所教、劳有所得、病有所医、老有所养、住有所居上持续取得新进展。”2016 年 2 月 1 日,李克强总理在全国优秀农民工和农民工作先进集体表彰大会上提出,要“让发展成果更多惠及农民工”。党和政府通过把共享理念重点落实到弱势群体,使发展成果更多惠及底层人民,确保了现阶段公正在全体人民中的最大化覆盖,这对于贯彻共享理念具有更为彻底的意义。

共享理念要贯彻到各个领域。人民的需求是多方面的,随着人民生活水平不断提高,人民对社会公平正义的认识也在深化,对社会公平正义的诉求也在提高。因此,共享理念强调的不仅是人人享有,还强调共享的内容要包括涵盖政治、经济、文化、社会、生态各个方面发展的成果,要全面保障人民实现在各个领域的合法权益。

但是,我们也要认识到,共享发展理念的彻底实现是一个逐步发展的过程,不可能一蹴而就。现阶段,我们尚处于社会主义的初级阶段,要想达到共产主义社会真正意义上的社会公平正义,彻底消除阶级差别、城乡差别、体脑差别的对立,实行各尽所能、按需分配的原则,以及每个人自由而全面的发展目标,还需要很长的路要走。也就是说,就公正的实现程度来讲,我们要经历一个从低级到高级、从不均衡到比较均衡的发展过程。因此，我们在实践中践行共享发展理念，必须要立足我国基本国情，如习近平总书记所说要“既尽力而为、又量力而行”，逐步提高共享水平的程度，既不裹足不前，也不好高骛远，要把公正贯彻到人民群众看得到、感受得到的实处。

（二）完善和扩大社会保障制度和体系

民生，即民众的生计。对于民生的含义，孙中山先生曾在《民生主义》中指出：“民生就是人民的生活，社会的生存，国民的生计，群众的生命。”一直以来，党和政府都高度重视民生工作，民生工作是党和政府工作的出发点和落脚点，始终是我国社会治理中的重点。党和政府高度重视民生工作，这不仅是因为民生涵盖人民群众日常生活的各种事项，关乎人民群众的切身利益，更是因为民生问题和社会公平正义相互倚重，与社会的稳定和发展密切相关。在民生工作中，尤其是在教育、就业、医保、社保、住房、收入等与百姓利益密切相关的领域，公平正义的重要性更是不容忽视。

习近平总书记指出：“不论处在什么发展水平上，制度都是社会公平正义的重要保证。我们要通过创新制度安排，努力克服人为因素造成的有违公平正义的现象，保证人民平等参与、平等发展权利。要把促进社会公平正义、增进人民福祉作为一面镜子，审视我们各方面体制机制和政策规定，哪里有不符合促进社会公平正义的问题，哪里就需要改革；哪个领域哪个环节问题突出，哪个领域哪个环节就是改革的重点。对由于制度安排不健全造成的有违公平正义的问题要抓紧解决，使我们的制度安排更好体现社会主义公平正义原则，更加有利于实现好、维护好、发展好最广大人民根本利益。”⑤做好民生工作的关键就是要加强顶层制度设计，注重制度建设，在体制机制和政策规定的制定、执行中，落实好社会公平正义。

就民生工作来说，公正是民生工作的“准星”，完善和扩大社会保障制度和体系，“打造民生保障安全网”是确保公正“准星”毫厘不错的基础。公正不仅是个体发展所要求的机会均等、分配公平需求，更应该是推进社会全体步调和谐、持续向前迈进的有力保障。倡导公正的社会核心价值理念，必须从制度的根源处解决公正问题，公正更应该集中体现贯彻在社会制度设计中。

当前，我国社会处在快速转型的时期，大多数社会成员的生计都会因为社会的加速转型而增添更多的不确定性。相对于城市户籍人口，农户和农村迁移劳动者及其家庭，就属于中国社会脆弱程度最高的群体。而那些处在社会底层的个人、家庭或群体，因其没有经济和生命安全保障措施，在面临老龄、患病、伤残和其他灾害风险时将会遭受更大的冲击。因此,从加强和推进保障民生工作的制度建设着手,完善和扩大社会保障制度和体系,就显得十分重要和必要。

社会保障体系建设是能够实现社会财富二次分配,最大程度地减小区域和个体贫富差距的加大,确保经济平稳运行和社会安定和谐的重要社会制度。社会保障体系包括城乡居民基本养老保险制度,基本医疗保险制度,城乡最低生活保障制度,住房保障和供应体系,社会养老服务体系,农村留守儿童,妇女、老年人关爱服务体系以及残疾人权益保障及困境儿童分类保障等各类社会保障制度。依托社会保障体系,社会能够实现社会财富的二次分配,让社会主义发展成果真正惠及每一个人,特别是底层劳动人民。因此,我们要通过不断完善和扩大社会保障制度和体系,要借助社会保障制度和体系守住个体的尊严与生命的底线。

近年来,党和政府在保障和改善民生方面持续发力,从制度建设着手,着力构建一个完整的民生保障安全网,出台了《关于建立统一的城乡居民基本养老保险制度的意见》《社会救助暂行办法》等一系列与老百姓的生活息息相关的政策。2014 年 3 月 13 日,国务院总理李克强在北京人民大会堂与中外记者见面,在回答关于“打造民生保障安全网”的问题时,讲了政府在社会保障方面要做的三件事:保基本、兜底线、促公平。对于“打造民生保障安全网”的根本目的,他强调指出,要让每个人都通过自己的奋斗有公平发展的机会,把公正贯彻到社会的最底层。

“共同富裕”根本原则是“打造民生保障安全网”的理论基础。共同富裕是中国特色社会主义的本质规定、奋斗目标和根本原则,也是中国特色社会主义理论体系中的重要基石。党的十八大会议重申,中国必须坚持走共同富裕道路,偏离了共同富裕原则的导向,中国特色社会主义理论体系的基础就不复存在。习近平总书记指出:“消除贫困、改善民生、实现共同富裕,是社会主义的本质要求。”“打造民生保障安全网”,为社会底层人民排忧解难,使发展成果更多更公平惠及人民,是我们党坚持全心全意为人民服务根本宗旨的重要体现,是党和政府的重大职责,是“共同富裕”理论原则的发展和延伸。

“打造民生保障安全网”是我们迈向“全面建成小康社会”宏伟目标的关键一步。党的十八大根据经济社会现状设定了2020年完成“全面建成小康社会”的宏伟目标,这将为中华民族的伟大复兴奠定坚实的基础。如果说“全面小康与中国梦相互激荡,凝聚为全社会的‘最大公约数’”,那么“打造民生保障安全网”,从最大程度上实现社会公平正义,就是实践中迈向全面建成小康社会目标的关键一步。因此,“打造民生保障安全网”,把公正贯彻到社会的最底层，是我国政府当前和今后一个时期扩大和完善社会保障制度和体系工作中的重要内容。

“打造民生保障安全网”，在制度设计层面要注重对机会公平、环境公平等要素的考量，实践中要更加注重对群众减负与补贴等配套措施的实施。例如，2006 年，国家进一步优化惠农政策，加大对农民的减负与补贴等。2007 年，国家进一步深化收入分配改革，增加城乡居民尤其是中低收入者的收入，合理调整和严格执行最低工资制度，关心和帮助解决低收入家庭住房问题，逐步在全国范围内建立农村最低生活保障等。2008 年，中央财政对民生方面的支出大幅增长，其中医疗卫生支出增长 25.2%，社会保障支出增长 24.2%，廉租住房建设的支出增长 33.3%。2009 年，在国际金融危机的大背景下，党和国家围绕教育、医疗、社保、就业、住房等与群众切身利益相关的民生热点，从中央到地方传递出“更大力度改善民生”信号。2011 年，我国加大了保障性住房建设投入力度，完成了 400 万套以上城镇保障性安居工程的建设，又新开工 1043 万套，使广大人民群众得到了实实在在的好处，在保障和改善民生方面取得了明显成效。2012 年，针对广大群众看不起病，尤其是因为大病致贫、返贫的现象比较突出的实际情况，我国出台了城乡居民大病保险报销不低于 50% 的规定，这是我国建立医保制度以来的一项重大突破。

党的十八届三中全会以来，党和政府积极推进养老保险社会救助制度建设，不断提高城乡低保标准和企业退休人员的基本养老金水平；启动教育扶贫工程，改造农村义务教育薄弱学校，通过对集中连片特困地区乡村教师发放生活补助，推动教育公平发展；深化医药卫生体制改革，促进基本医保总体实现全覆盖；加强农村转移劳动力就业服务和职业培训，对城镇就业困难人员实施就业援助计划；推进保障性安居工程，使上千万住房困难群众乔迁新居等等。

可以看到，从2006年到2016年的10年间，我国的民生保障工作实现了一系列跨越式的发展，取得了一些突出成绩：社会福利制度从补缺逐步迈向适度普惠；临时性、单一性社会救济向制度化、综合性社会救助转型；保障范围不断扩大，保障力度、水平全面得到提升等等。

“求木之长者，必固其根本；欲流之远者，必浚其泉源。”“打造民生保障安全网”从制度层面有力地保障了广大人民群众的切身利益，促进了社会公平正义的落实，是让全体人民共享改革发展的红利和成果，把公正贯彻到社会的最底层的切实体现。这些政策举措回应了人民群众的殷切期待，有力地推进了全面建成小康社会发展目标的实现。

当然也要看到，虽然当前我们通过“打造民生保障安全网”,加强社会保障制度和体系建设,解决了不少人的贫困温饱问题,但与美国等发达国家相比,还是有很大差距。对于这点,我们不必苛求,要看到努力方向的重要性。就像一辆刚刚驶出车站的列车,是普通列车还是高速动车,虽然在速度上有差别,但是方向才是决定未来到达哪里的关键。

(三)创造更加公平正义的社会环境

在人类实践活动中,社会环境对不同人会产生不同的影响。因此,如果对民族、地区、群体的具体情况不加重视,而是泛泛地强调社会环境中规则、机会等的公正,是不现实的。同样,借口民族、地区、群体的大小、强弱、发达与否,在社会规则的制定中,在社会环境的构建中,进行有根本性差别的偏倚,也是不正确的。

从根本上说,创造更加公平的社会环境,涉及的是“程序性平等”与“补偿性平等”平衡的根本性问题。营造公正的社会环境,其前提是要承认社会共同体是同一性与差异性相统一基础上的有差别的共同体,而强调创造更加公平的社会环境,是为了在族际之间、域际之间、群际之间奉行公正原则,为了使社会环境和谐,每个人都有均等的所得和机会。创造更加公平的社会环境,其目的在于缩小富裕地区与贫困地区、城市与乡村的差距,实现各个利益群体在权利、义务、利益方面达到相对的平衡和统一。

构建公正的社会环境，是一个泛泛而谈、比较抽象的概念。具体来说，公正的社会环境包括政治公正、经济公正、司法公正、性别公正、教育公正、医疗公正等内容。其中，政治公正保证了每一个人的政治参与权利，保证了人们社会理想的实现途径；经济公正保证了人们经济分配的权利，保证了人们生存财富的合法性途径；司法公正保证了人们受到法律保护的权利，保证了人们维护社会尊严的基本人权；性别公正促进了女性与男性之间的平等，维护了女性的合理地位和待遇；教育公正促进了人们享受教育的权利，维护了人们竞争未来生活的平台；医疗公正促进了医患之间的平等，维护了人们健康保证的底线权利。

抛开这些具体领域的公正，从抽象意义上说，公正的社会环境的本质要求是什么呢？

基于马克思在《关于费尔巴哈的提纲》中对人与环境关系的论述，公正的社会环境的本质要求是，不仅要在人改造社会的实践中确保具体社会领域的公正性，还要在外部环境对人的影响、塑造的过程中，注重对公正理念的培育。

因此，营造公平正义的社会环境，不仅要着眼于实现当代社会的公平正义，还要着眼于促进未来社会中人与人之间的合理性精神的构建，以避免因改革发展带来、导致更多不公。正如习近平同志指出的，我们的“全面深化改革必须以促进社会公平正义、增进人民福祉为出发点和落脚点，这是坚持我们党全心全意为人民服务根本宗旨的必然要求”。我们的“全面深化改革必须着眼创造更加公平正义的社会环境，不断克服各种有违公平正义的现象，使改革发展成果更多更公平惠及全体人民。如果不能给老百姓带来实实在在的利益，如果不能创造更加公平的社会环境，甚至导致更多不公平，改革就失去意义，也不可能持续”。⑥可以说，创造更加公平的社会环境不仅关系到人民群众的切身利益，更关系到社会的繁荣稳定和中国特色社会主义的建设成败。

但是，在社会构建中，在遭遇的诸多“棘手”问题面前，创造更加公平的社会环境该从哪里着手进行呢？

一方面，要通过科学合理的制度安排，确保从规则层面创造更加公正严明、不偏不倚的社会环境，给老百姓带来实实在在的利益，确保改革发展成果更多更公平惠及全体人民。汉代王符说：“大鹏之动，非一羽之轻也；骐骥之速，非一足之力也。”就是说，大鹏冲天飞翔，不是靠一根羽毛的轻盈；骏马急速奔跑，不是靠一只脚的力量。从制度层面着手，创造更加公平公正的社会环境，要依靠广大人民群众，要站在人民立场上考虑和把握问题，要从人民利益出发去谋划。如习近平总书记指出的那样，“在全面深化改革进程中，遇到关系复杂、难以权衡的利益问题，要认真想一想群众实际情况究竟怎样？群众到底在期待什么？群众利益如何保障？群众对我们的改革是否满意？提高改革决策的科学性，很重要的一条就是要广泛听取群众意见和建议，及时总结群众创造的新鲜经验，充分调动群众推进改革的积极性、主动性、创造性，把最广大人民智慧和力量凝聚到改革上来，同人民一道把改革推向前进”。[7]

另一方面，严格按照规则办事，坚决抵制潜规则。社会潜规则盛行，政策措施的执行力度和效果就会大打折扣，甚至会形同虚设。因此，创造更加公平的社会环境，要严格按照规则办事，坚决抵制潜规则，从而避免社会中“无机会群体”的出现。近些年，我国公务员选拔工作确立并严格实施“逢进必考”的规则，堵上了过去那种凭条子、找关系的门路。“国考”成为人们普遍认可的、体现公平竞争原则的人才选拔方式。数据显示，近几年来，中央和国家机关新录用公务员九成来自普通家庭，避免了找关系、走后门等潜规则阻碍底层民众向上流动问题的出现。

在着眼创造更加公平社会环境的实践中，创造更加公平的社会环境与各个具体领域中的公正落实是密切相联系的，要下大力气推动各个具体领域中的公正的落实。因为，具体领域中的不公正现象，不仅拉开了城乡、区域、阶层之间的差别，更恶化了人与人之间、人与社会之间的和谐共生关系。如若失去了人与人之间、人与社会之间的和谐共生关系，那么整个社会系统就缺少了发展的支点，失去了稳固的根基与繁荣的未来。

（四）公正司法守好维护社会公平正义的最后一道防线

司法公正是法律精神的内在要求，是法治的灵魂和核心。我们说公正司法是法治的灵魂和核心，是因为司法公正不仅体现了法律精神的内在要求，更承载着广大人民群众对建设中国特色社会主义法治国家的殷切期望，是坚持和发展中国特色社会主义的本质要求和重要保障，也是实现国家治理体系和治理能力现代化的必然要求。能否做到公正司法，不仅事关人民的幸福安康，事关我们党和国家事业的发展，更事关党和国家的长治久安。

司法公正对社会公正具有重要引领作用，司法不公对社会公正具有致命破坏作用。公正司法不仅有助于形成守法光荣、违法可耻的社会氛围，推动社会主义法治文化建设，而且有助于增强全社会厉行法治的积极性和主动性，使全体人民都能成为社会主义法治的忠实崇尚者、自觉遵守者、坚定捍卫者。相反，司法不公对社会公正具有致命破坏作用。这种致命的破坏作用突出的表现就是，司法不公会纵容和放大社会不公，阻断老百姓维护权益的“正道”，造成严重的社会问题。

2014年1月7日，习近平总书记在中央政法工作会议上就政法工作强调指出，“促进社会公平正义是政法工作的核心价值追求”，“公平正义是政法工作的生命线，司法机关是维护社会公平正义的最后一道防线”。基于政法工作在维护社会公平正义中的重要地位，习近平总书记要求政法战线要肩扛公正天平、手持正义之剑，以实际行动维护社会公平正义，让人民群众切实感受到公平正义就在身边。同时，习近平总书记还提出政法工作要重点解决好损害群众权益的突出问题，重点圈出了政法工作中的四个“决不允许”，即“决不允许对群众的报警求助置之不理，决不允许让普通群众打不起官司，决不允许滥用权利侵犯群众合法权益，决不允许执法犯法造成冤假错案”。[8]因此，建设中国特色社会主义法治国家，必须完善司法管理体制和司法权力运行机制，规范司法行为，并加强对司法活动的监督，要努力让人民群众在每一个司法案件中都能感受到公平正义。

当前，我国法治建设中还存在许多不适应、不符合的矛盾和问题。必须清醒看到，这其中有些问题是因司法不公导致的直接后果，也有部分问题是司法不公造成的连带效应。比如，有法不依、执法不严、违法不究现象比较严重，选择性执法现象仍然存在，执法司法不规范、不严格、不透明、不文明现象较为突出，群众对执法司法不公和腐败问题反映强烈等。正如党的十八届四中全会报告指出的，这些问题既违背社会主义法治原则，损害人民群众根本利益，也妨碍党和国家事业发展，必须下大力气加以解决。

为保证公正司法，提高司法公信力，党的十八届四中全会报告论述了六个方面：要完善确保依法独立公正行使审判权和检察权的制度；优化司法职权配置；推进严格司法；保障人民群众参与司法；加强人权司法保障；加强对司法活动的监督。这六个方面为司法公正提供了有力保障。

二、中国传统社会的公平正义观

在漫长的中国封建社会演化的历史进程中，几乎每一次农民起义都把摧毁不公正的社会，建立一个不分贵贱、人人平等的理想社会当作动员的口号或旗帜，更有无数仁人志士为构建一个公正和谐的社会而上下求索。秦末，陈胜、吴广喊出“王侯将相宁有种乎”。南宋初，钟相起义提出了“法分贵贱贫富，非善法也，我行法，当等贵贱，均贫富”的纲领。近代，1853 年洪秀全的太平天国定都天京后，首次颁布《天朝田亩制度》，规定“凡分田照人口，不论男妇，算其家口多寡，人多则分多，人寡则分寡”。基于公正理念的传统，康有为提出对大同世界构想，即“人人相亲，人人平等，天下为公”的理想社会状态。革命先行者孙中山先生提出的三民主义中，也包含着建立土地国有、大企业国营的大同理想。

中华民族对公正的思考和探索由来已久，中国传统文化中包含着大量关于公正的思想。中国传统的公正思想缘起于先秦时期，诸子百家都对公平正义提出了鲜明的观点，并对其进行了社会构想。这一时期的公正思想影响深远，几乎构成了整个传统社会关于公平正义的思想基础。在《礼记·礼运》中对大同社会进行了描述，表达了作者对“大道之行也，天下为公”理想社会的向往，提出：“政者，正也。子帅以正，孰敢不正？”《论语·季氏》中说：“丘也闻有国有家者，不患寡而患不均，不患贫而患不安。”这也就是说，对于一个国家而言，怕的不是贫穷，而是财富分配不均；怕的不是人口少，而是社会的动荡。庄子也说：“公而不当，易而无私。”《吕氏春秋·贵公》中也有类似的表述。“阴阳之和，不长一类；甘露时雨，不私一物”，《吕氏春秋》从大自然普惠万物的角度论证了“公正不倚”的合理性。这些思想都是古代中国先哲对公平正义理解和追求的生动体现。

具体来说，以儒家为代表的中国传统公正观包含以下内容：

第一，“天下为公”“藏富于民”。儒家社会和谐思想的一个重要内容就是崇尚公平和正义。《礼记·礼运》中所说的“大道之行也,天下为公”便是以孔子为代表的儒家对社会公正最具概括性的描述。儒家思想认为,公正是做人做事的根本原则,同时也是建立国家和维护社会秩序的理性基础。儒家在此公正思想理念之上,构建了一个包括价值目标和制度设计在内的完整思想体系。而经济公正思想则作为思想基石,支撑起儒家这种“天下为公”的公正观理念。儒家在经济上主张“藏富于民”,即尊重和保护百姓的财产,同时注重分配领域的公平,提倡“均富”,力求消灭贫穷,平均财产。例如,《论语·季氏》中说:“丘也闻有国有家者,不患寡而患不均,不患贫而患不安。盖均无贫,和无寡,安无倾。”这段话意思是说,各诸侯或大夫不必害怕自己的财富不多,而要顾虑财富分配的不均,这种不公平会导致国家颠覆。若是财富平均,消灭贫穷,境内团结、平安、和睦,不仅不会有危险,而且会有远方的臣民来归服。这段话突出反映了孔子在财富分配上的公平正义思想。这段话反映出,孔子注意到分配公平、社会正义的问题,他提出“不患寡而患不均”,反对贫富悬殊。再如,孔子把维护老百姓的生存权看作君王的为政之本,强调民生的重要性。他重视百姓,尤其是重视百姓的吃饭与生死问题,主张“养民也惠使民也义”“节用而爱人,使民以时”,希望统治者不违农时,爱百姓,做到恭、宽、信、敏、惠。这些主张集中体现了孔子“仁爱”根本思想与“仁政”的治国之道，是儒家“天下为公”“藏富于民”思想的代表。

第二，政治上要注重公正，防止公权力滥用，要施政、施恩于民。儒家思想包含许多关于君王施政理念和为政之要的论述，他们提出了诸多建议和主张，而公正恰恰是他们提出这些建议和主张着重考量的衡量因素。例如，《尚书·周书》中就有“无偏无党，王道荡荡”“无偏无陂，遵王之义”的记载。《论语·子路》中说：“其身正，不令而行；其身不正，虽令不从。”这两段话的意思都是在说，只有做到公平和正义，君主才能得到百姓的信服，百姓才会拥护国家的统治。还有，“政者，正也。”这句话说的是，“正”是治国之道，君主如果缺失公正的美德，就会失去治理国家的必要基础。在此基础上，儒家提出了防止公权力滥用的设想。再如，孔子强调要以严肃庄敬的态度尊重百姓，合理合法地动员百姓。他在《论语·尧曰》中提出五种美政：“惠而不费，劳而不怨，欲而不贪，泰而不骄，威而不猛。”反对以傲慢的态度对待人民，认为不可滥用权力、不可践踏民意。只有谨慎地使用公权力，才能安民济众，治国安邦。在《孟子·尽心上》中也表达了类似的倡导：“穷则独善其身，达则兼济天下。”意思是说，人在不得志的时候要做到洁身自好，修养个人品德；得志的时候，要努力将恩惠施与百姓，使天下都能达到“善”的境界。这里的“济”正是济助黎民百姓苍生之意，体现了儒家提倡的统治者要谨慎地使用公权力，要施恩于民的思想。

第三，注重民生问题，注重社会公正。概括来说，儒家有关社会公正的思想，主要体现了其主张的天下大同的社会治理理念，包含着关于养老、救济弱者、赈灾与社会保障等民生问题的制度设计及其对具体落实措施的思考。《礼记·礼运》是孔子抒发对大同社会向往的经典之作，文中描述的“大同社会”：每个人不只孝敬自己的父母，不单爱护自己的子女；使社会上的老年人得以安享天年，青壮年能发挥自己的作用贡献社会，孩子们能好好地成长起来；使鳏夫、寡妇、孤儿、没有子女的老人家和身体有残疾的人都能得到照顾；使男子都有适合自己的工作，女子都有能归宿的家庭……其中，提到了社会要使人人得到较好的照顾，特别是要照顾好老弱病残等弱势群体。

《礼记》还主张保留上古“五十养于乡，六十养于国，七十养于学”的分级养老制度以及行养老礼的礼俗，并指出身体健全的劳动者要依靠自己的劳动养活自己，对社会中的聋、哑及肢体有残疾、障碍的弱势人群则要特别对待，实行给养制度。《孟子》中也多次指出，要保证黎民“不饥不寒”，让所有人都要有衣穿、有肉吃。关于社会养老制度，孟子指出：鳏、寡、孤、独，“此四者，天下之穷民而无告者。文王发政施仁，必先斯四者”。对于弱者，荀子主张“兴孝悌，收孤寡，补贫穷，如是，则庶人安政矣”。这些主张都体现着儒家构建和谐社会、构建大同社会的理想，蕴含着对社会公正的追求与向往。

儒家还格外重视教育的公平和机会的公平。孔子“有教无类”的思想影响深远，他认为这是打破世卿世禄制、国家和社会得以“举贤才”而治的基础。《论语·为政》中说：“举直错诸枉，则民服；举枉错诸直，则民不服。”意思是要把正直的人举拔在邪曲的人之上，即公正地选才用人。《孟子·公孙丑上》中也指出：“尊贤使能，俊杰在位，则天下之士皆悦，而愿立于其朝矣。”认为只有尊崇和选拔优秀的人才俊杰，才能使天下人愉悦地接受和服从，继而使朝政安稳。同时，《礼记·礼运》中“选贤与能，讲信修睦”的理念，在古代教育制度与官僚选拔制度中均得到了不同程度的体现。虽然历史上以科举制为代表的选拔制度弊病无数，但这些制度在一定程度上贯穿着机会平等的原则，从个体在社会阶层中的晋级来看，这些选拔制度对于草根的底层人民改变自身命运，起到了一定的积极作用。

综述以上，以儒家为代表的中国传统公正观针对封建社会的弊病，提出了对理想社会的构想与制度设计，他们的理论中有很多积极的观点与合理的成分。从历史的角度来看，以儒家为代表的中国传统公正观对封建社会政治体制的完善、社会矛盾的化解起到了重要作用。

然而，马克思主义认为，任何社会中的公平正义都是历史的、具体的。以儒家为代表的中国传统公正观，作为产生于宗法等级专制社会并与这一社会制度相适应的价值观念，不可避免地带有鲜明的时代烙印与历史局限性。对此，毛泽东同志曾经指出："今天的中国是历史的中国的一个发展；我们是马克思主义的历史主义者，我们不应当割断历史。从孔夫子到孙中山，我们应当给以总结，承继这一份珍贵的遗产。"因此，我们要客观分析、正确对待中国传统公正思想，有鉴别地进行传承和创新。

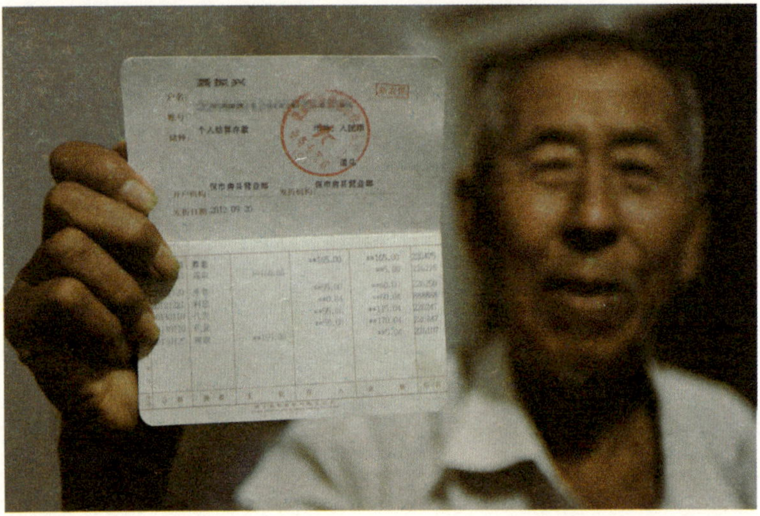

我国正在不断推进养老保险改革，构建全民统一的基本养老保障制度，努力实现老有所依。图为河北省唐县房庄村村民聂振兴在展示他的养老金存折

三、正确认识近代西方公正观

近代西方，文艺复兴带来了人们思想上的解放，社会大众从中世纪宗教裁判所的束缚中解脱出来，在西方社会中，人们不再只是一味地崇拜高高在上的“神”，而是越来越关注自身，产生了对“人”的尊重。基于这一大的社会背景，人们对于“正义”的理解，开始涵盖了对自由、平等、博爱等人文精神的追求，人的理性开始作为衡量公平正义的标准。

对于公正的内涵，在古希腊正义思想的基础上，近代西方思想家们对这一问题有着更为丰富的理解，提出了近代资产阶级的“天赋人权论”和“社会平等论”。柏拉图曾明确提出了“正义就是平等”的思想，在此思想基础上，卢梭更进一步强调正义就是对公共利益的实现，他认为，公正就是公意，公意永远是公正的，而且永远以公共利益为依归。从更宽泛的范畴来看，罗尔斯认为，作为社会制度首要价值的公正，其本质体现在社会制度如何分配基本的权利和义务。但是，洛克认为，很难对人们在自然状态下的行为标准进行判断，因此也就无法裁决发生的矛盾和纠纷。要想协调人们之间的关系，不仅需要订立契约，而且还要在契约的基础上建立一个代表民意的国家和政府。

他认为公正就是服从这种建立在契约基础上的国家的法律。与他持相同观点的还有霍布斯，他认为正义和公道就是每个人对法律的遵守。

对于如何实现公正，近代西方思想家们提出了人民主权说和分权制衡的构想。前面我们说了，为了协调人们之间的关系，人们不仅需要订立契约，而且还要在契约的基础上建立一个代表民意的国家和政府。这个作为契约的产物的国家和政府，应当按照法律办事，保障人民的合法权利。但是，如果主权者高高在上、超越法律的约束，不仅公正无法实现，往往还会带来很多问题。因此，为了防止这种假设发生，维护社会的公正和人民的利益，卢梭提出了人民主权说，洛克和孟德斯鸠提出了分权制衡的构想。基于对公正是关于社会政治伦理关系及其原则的规定和要求的认识，近代西方思想家们提出的人民主权说和分权制衡的构想，不仅体现了他们对于公正的向往，也为西方在实践中探索实现公正的现实路径奠定了基础。

然而仅仅追求公正是远远不够的，公正需要历史的依据，如果忽视了历史精神和历史依据，那么对公正的追求和理解就会是一种空想。对于西方思想家有关公正的理解，我们要看到其局限性。

马克思主义关于国家的本质和历史作用这一问题的基本思想从根本上戳穿了近代西方公正观的真实性和可

行性。马克思主义认为，国家是阶级矛盾不可调和的产物。也就是说，当某时、某地的阶级矛盾在客观条件上完全不能调和时才会有国家的产生。军队、警察、监狱等是国家的主要组成部分，是统治阶级用来镇压劳动人民的暴力机器。从本质上说，国家的存在证明了阶级之间不可调和的矛盾。因此，建立在契约基础上的国家的法律，其代表着统治阶级的意志，是统治阶级用来镇压劳动人民的暴力工具。这就从根本上否定了法律的客观公正性，戳穿了法律是为维护人民的利益和社会公正的虚伪面孔。

在此基础上，马克思主义经典作家们站在唯物史观的立场上分析公正问题，对包括资本主义社会在内的以往社会的不平等现象进行了批判，在批驳的基础上赋予了公正新的内涵，指出只有未来的共产主义社会才能在真正意义上体现公正。因为，在共产主义的高级阶段，个人已经不能把工厂、机器、土地等生产资料攫为私有了，社会在自由平等的生产者联合体的基础上实行“各尽所能，按需分配”，“公正”已经完全贯彻到分配领域，人与人的富裕程度不会有差距，从而公正得以真正实现。

现实实践也证明，马克思主义对公平正义的正确理解，公平正义的内涵是具体的、真实的，而不是像西方“普世价值”公正观那样，只注重强调抽象的人道主义。以发达资本主义国家美国为例，无论是前些年发生的“占领华尔街”运动还是刚刚结束的2016年美国总统大选，草根人群高举着“我们是99%！你们是1%！”的示威标语，显示的正是99%与1%的对立。有关这点，美国经济学家斯蒂格利茨撰文指出，美国民主的实质就是“1%所有，1%统治，1%享用”。[9]这也就是说，“公平正义”的本质内容其实就是农民交地租、工人拿工资、资本家收取利润。所以说，西方意识形态宣扬的公正观，虽经粉饰，但本质不变，前景也不美妙。

注释

①⑧习近平.习近平谈治国理政[M].北京:外文出版社,2014:147,148.

②习近平.在纪念孙中山先生诞辰150周年大会上的讲话[N].人民日报,2016-11-11(2).

③习近平.在庆祝中国共产党成立95周年大会上的讲话[N].人民日报,2016-07-02(2).

④⑤⑥⑦中共中央文献研究室,编.习近平总书记重要讲话文章选编[M].北京:中央文献出版社,党建读物出版社,2016:97,98,96,98—99.

⑨刘书林.培育社会主义核心价值观的基本原则[J].思想理论教育,2013(3).

第四章　法治:国家治理现代化的基本方式

法治是一个国家发展的重要保障,是国家治理现代化的基本方式。作为现代国家治理的基本方式,法治强调法律的权威性和普遍适用性,构建法治社会意味着以国家法律形式确立下来的社会制度及其发展成果,不受任何外在因素所改变和影响,生活在这个社会中的任何个人和机构都不能凌驾于法律之上。

我国的国家性质以及我国的实际情况决定了,建设法治中国,我们要坚定不移地走中国特色社会主义法治道路:要全面贯彻实施宪法,依法改革,依法反腐,把权利关进制度的笼子,并确保公正司法,坚持党规党纪严于国法。

一、更好发挥法治在国家治理和社会管理中的作用

改革开放30多年来,健全社会主义法制成为党和国

家坚定不移的基本方针，我国的法治建设取得了长足进步。法律法规为我国国家治理提供了重要保障，有力保障了人民当家作主的地位，在改革开放和社会主义现代化建设的方方面面发挥着作用，对我国的政治、经济、文化、社会等产生了深刻的影响。

特别是党的十八大以来，我们党以坚决的态度依法重拳反腐，坚持“老虎”“苍蝇”一起打，一些省部级高官相继落马，并且严肃查处了湖南衡阳破坏选举案和辽宁贿选案件等，维护了法律权威，捍卫了法律尊严，赢得了群众信任，让全党全国全社会看到了建设法治中国的希望。

（一）坚定不移地走中国特色社会主义法治道路

道路选择是一个关乎根本的大问题。建设什么样的法治国家、走什么样的法治道路，关乎到一个国家的全局、根本和长远发展。就国际范围来说，历史和现实告诉我们，找到了适合自己法治道路的国家发展的都比较好，而选错了法治道路的国家则导致了国家动荡和社会发展的停滞、甚至是倒退。对于法治建设道路选择的重要性，习近平同志在关于《中共中央关于全面推进依法治国若干重大问题的决定》的说明中强调指出：“在走什么样的法治道路问题上，必须向全社会释放正确而明确的信号，指明全面推进依法治国的正确方向，统一全党全国各族人民认识和行动。”

按照马克思主义的原理，任何一国的历史都不可能是另一国历史的重复。各国的法治建设，都是依据本国的实际情况来进行的。由于中国是一个与任何西方国家都不相同的社会主义国家，并且有着“文化大革命”中法制遭到严重破坏的沉痛教训，在长期的革命、改革实践中积累了自己的经验，形成了自己的传统，因此在法治道路的选择上就不可能照搬照抄别国的经验。还因为，传统的中国是个人情社会，很多事情不靠法律法规解决，多数按照乡俗、社规、民约来解决。近代以来，虽说乡俗、社规、民约在社会治理中的影响力正在慢慢消退，但影响仍在。因此，在法治建设中，我们就不能忽视或无视它的影响，对传统要有足够的理解，必须在传统和现代需求之间加以协调，甚至是妥协，否则我们就会发现从西方舶来、移植的法律制度与中国现实脱节。因此，在中国建设法治国家，我们一定要立足中国的实际情况和实际需要，要走中国特色社会主义法治道路。

在我国法治建设道路的选择上，党的十八届四中全会郑重提出，要“全面推进依法治国必须坚定不移走中国特色社会主义法治道路”。这一论断指明了我国法治建设的根本。

我国的法治建设选择走中国特色社会主义法治道路，

是我们在实践中艰辛探索,特别是吸取失败经验教训的结果。1978 年,党的十一届三中全会提出了发展社会主义民主、健全社会主义法制的重大方针。1997 年,党的十五大上,依法治国被确立为党领导人民治理国家的基本方略,建设社会主义法治国家被确定为社会主义现代化建设的重要目标。2001 年,我国初步形成了以宪法为引领的中国特色社会主义法律体系。可以说,中国特色社会主义法治道路是我们在付出了“人治”的惨痛代价后,摸索出来的避免重犯类似“人治”错误,从“法制”到“法治”的建设之路。它包含着我们党在法制建设中摸索出来的一系列行之有效的做法和宝贵经验以及对法制建设规律性的认识。这种中国特色不是去刻意营造追求的,而是在我们不断地摸索、慢慢总结怎么做好中形成的;这种中国特色也是我们基于历史和现实需要,基于我国国情做出的道路选择。

中国特色社会主义法治道路包括三点核心要义:坚持党的领导,坚持中国特色社会主义制度,贯彻中国特色社会主义法治理论。这三个方面规定和确保了中国法治建设的内在属性和前进方向。其中,党的领导体现了中国特色社会主义最本质的特征,是社会主义法治最根本的保证。中国特色社会主义制度是中国特色社会主义法治体系的根本制度基础,为全面推进依法治国提供了根本制度保障。中国特色社会主义法治理论是中国特色社会主义法治体系的理论指导和学理支撑，是全面推进依法治国的行动指南。这三个方面的辩证结合，规定和确保了中国法治建设的内在属性和前进方向。[①]

坚持党的领导是实现我国国家治理现代化最根本的保证。中国共产党在我国革命和建设中的领导地位是历史地形成的。历史和实践反复证明，中国共产党是一个注重学习、总结经验教训，具备自我纠错和创新等特点，不断克服自身局限，不断提升自我的先进马克思主义政党。党领导中国革命和实践取得一个又一个开拓性的胜利。十八届四中全会上，我们党根据变化了的新形势，把依法治国上升为党领导人民治理国家的基本方略，提出依法治国的战略举措，这是一个推进我国法治化建设的重要决定。因此，只有在中国共产党的领导下，切实贯彻党的治国理政新思想、新理念、新战略，才能有序推进我国法治化建设向前发展。

坚持中国特色社会主义制度为全面推进依法治国奠定了基石，提供了根本制度保障。有什么样的政治制度，就必须施行与政治制度相匹配的法律制度。法律制度与政治制度二者之间，关系紧密相连。中国特色社会主义政治制度是我国的根本政治制度，在此政治制度基础上，我们必须施行社会主义法治，即我国制定的一切法律法规和相关体制机制必须以此为基础。因为，只有适应中国特色社会主义政治制度的要求，社会主义的法治才能成为国家治理现代化的基本方式，反过来作为国家治理现代化的法治也将得到巩固和发展，我们的法治道路才能走稳、走好。

贯彻中国特色社会主义法治理论为法治中国建设提供了理论指导和学理支撑，为全面推进依法治国指引了方向。中国特色社会主义法治理论，是我们在改革开放以来法治建设的实践过程中历史地形成的，是对正确实践的理论总结和凝练。它是马克思主义基本原理同当代中国法治实践相结合的产物，是中国特色社会主义理论体系的重要内容，科学回答了我们要不要搞法治、搞什么样的法治、怎样搞法治等一系列基本问题，是我们推进我国法治化建设的行动指南。

关于如何走好中国特色社会主义法治道路，党的十八大报告提出了细化了的 16 字新方针，即“科学立法，严格执法，公正司法，全民守法”。其中科学立法是前提，严格执法是关键，公正司法是保障，全民守法是基础。这 16 字新方针，从四个方面，明确了全面推进依法治国的重点环节，是我们走好中国特色社会主义法治道路的航标和指针。

（二）全面贯彻实施宪法

宪法是我国的根本大法，反映了我国各族人民的共同意志和根本利益，是党和国家的中心工作、基本原则、重大方针、重要政策在国家法制上的最高体现。新时期，宪法以国家根本法的形式确立了中国特色社会主义道路、中国特色社会主义理论体系、中国特色社会主义制度的发展成果。

2012年12月4日，习近平总书记在首都各界纪念现行宪法公布施行30周年大会上的讲话中强调指出："依法治国是党领导人民治理国家的基本方略，法治是治国理政的基本方式，要更加注重发挥法治在国家治理和社会管理中的重要作用，全面推进依法治国，加快建设社会主义法治国家。实现这个目标要求，必须全面贯彻实施宪法。"

宪法在中国特色社会主义法律体系中的统帅地位，决定了必须全面贯彻实施宪法。从重要性关系上看，宪法是母法，其他法律是子法。宪法是其他法律制定的根据和基础，所有法律都是依据宪法制定的，与宪法相抵触的法律都被视为无效的法律。从效力上看，宪法具有最高的法律地位和法律效力，是我国法律体系的统帅。正是在这些意义上，我们说宪法是根本法、总章程。宪法在中国特色社会主义法律体系中的统帅地位，决定了必须全面贯彻实施宪法；建设社会主义法治国家的首要任务和基础性工作，就是全面贯彻实施宪法。党的十八届四中全会《决定》明确指出："坚持依法治国首先要坚持依宪治国，坚持依法执政首先要坚持依宪执政。”这个重要论断明确指出了宪法在法治中国建设中的核心地位，只有切实做到依宪治国、依宪执政，坚持“法外无权”，政府依法履职、履职到位，才能切实维护人民群众的利益，实现社会的长治久安、和谐发展。

宪法集中体现了我国各族人民的共同意志和根本利益，依法治国必须全面贯彻实施宪法。1982 年 12 月 4 日，我国通过现行宪法，以国家根本法的形式确立了中国特色社会主义道路、中国特色社会主义理论体系、中国特色社会主义制度的发展成果。国家政治社会经济等各个领域中最重要、最核心的内容，我国各族人民的共同意志和根本利益，在宪法中都以国家的根本制度、根本任务、思想基础和活动准则的形式确定下来，都在宪法中得到了保障和体现。

追溯新中国成立以来我国宪法制度的发展历程，也可以清晰地看到，保证宪法实施，就是保证人民根本利益的实现。只要我们切实尊重和有效实施宪法，人民当家作主就有保证，人民利益就能得到根本的实现。反之，如果宪法受到漠视、削弱甚至破坏，人民权利和自由就无法得到保证，人民利益就会受到折损。习近平总书记在首都各界纪念现行宪法公布施行 30 周年大会上的讲话中明确指出，维护宪法权威，就是维护党和人民共同意志的权威。

综述以上，坚持依宪治国、依法治国才有根基和方向，我国各族人民的共同意志和根本利益才能得到保障，法治中国建设才能沿着预设的目标前进。宪法至上，是建设社会主义法治国家的首要任务和基础性工作，只有做到宪法至上，才能保障宪法中规定的人民根本利益的实现。如果宪法被藐视、削弱甚至破坏，党和国家领导的社会主义事业会遭受挫折，人民权益就无法得到保障。

对于如何在实践中践行宪法至上的原则，习近平总书记强调指出："全国各族人民、一切国家机关和武装力量、各政党和各社会团体、各企业事业组织，都必须以宪法为根本的活动准则，并且负有维护宪法尊严、保证宪法实施的职责。"②

（三）凡属重大改革都要于法有据

改革是社会主义制度的自我调整和完善，改革的目的是为了人民过上更好的生活。在改革中，我们面临前所未有的风险和挑战，在改革深水区，我们的改革更是面临多种选择。但是，改革中我们没有经验可循，因为改革是一项开拓性的、探索性的事业。对党和国家来说，在改革中如何最大程度上避免走弯路，减少改革付出的成本，是头等重要的大事。

要想把握改革的方向，保证改革沿着正确的道路前进，最重要的一点就是：改革要依照宪法，要在宪法规定的基本框架内进行，要沿着中国特色社会主义道路前进，做到改革有法可依、于法有据。宪法以国家基本法的形式对我国中国特色社会主义的国家性质、发展目标、发展道路等进行了确立，体现了人民共同意志和根本利益。改革要沿着正确的道路前进，就要依法改革，坚持宪法规定的正确的方向、立场、原则。

对此，2012 年 12 月 7 日至 11 日，习近平总书记在广东考察工作时的讲话中指出：“我们的改革开放是有方向、有立场、有原则的。我们当然要高举改革旗帜，但我们的改革是在中国特色社会主义道路上不断前进的改革，既不走封闭僵化的老路，也不走改旗易帜的邪路。”2012 年 12 月 31 日，习近平总书记在十八届中央政治局第二次集体学习时的讲话中再次明确指出：“改革开放是一场深刻革命，必须坚持正确方向，沿着正确道路推进。方向决定道路，道路决定命运。我国改革开放之所以能取得巨大成功，关键是我们把党的基本路线作为党和国家的生命线，始终坚持把以经济建设为中心同四项基本原则、改革开放这两个基本点统一于中国特色社会主义伟大实践，既不走封闭僵化的老路，也不走改旗易帜的邪路。”

因此，依法改革是稳步推进改革实践的需要。只有依法改革，才能稳步推进改革。在改革中，要按照习近平总书记要求的那样，“要准确推进改革，认真执行中央要求，不要事情还没弄明白就盲目推进。要有序推进改革，该中央统一部署的不要抢跑,该尽早推进的不要拖宕,该试点的不要仓促推开,该深入研究后再推进的不要急于求成,该得到法律授权的不要超前推进”。只有依法改革,才能有效避免改革中出现的有法不依、执法不严现象,最大程度上避免在改革中走弯路,从而确保改革沿着正确的方向稳步前进。

依法改革,要注重发挥法治引领和推动作用。“奉法者强则国强,奉法者弱则国弱”。法律是治国之重器。在我国改革进入深水区的当下,我们要依靠法治的引领和推动作用,确保改革的生机活力以及秩序的井然有条。注重发挥法治的引领和推动作用,这要求我们在具体实践中要注重对法治思维和法治方式的运用,切实发挥法治对改革的根本性、全局性、长期性的制度保障作用。2014 年 2 月 28 日,习近平在主持召开中央全面深化改革领导小组第二次会议时强调指出:“凡属重大改革都要于法有据。在整个改革过程中,都要高度重视运用法治思维和法治方式,发挥法治的引领和推动作用,加强对相关立法工作的协调,确保在法治轨道上推进改革。”

依法改革,还要注重营造良好的法治环境。没有规矩不成方圆。深化改革,确保改革沿着中国特色社会主义道路前进,就要在法治轨道上推进改革,关键是要立规矩、讲规矩、守规矩,营造良好的法治环境。只有依靠法律来立规矩、讲规矩、守规矩，肃清社会陋习，杜绝社会恶习和不良现象，整个社会才能营造风清气正的良好法治环境，社会才会形成崇尚法治的观念，遵守法律法规的良性循环。对此，2014 年 1 月，习近平同志在中央政法工作会议上指出，要强化法律在化解社会矛盾中的权威地位。在中共中央政治局第十四次集体学习会上，习近平同志再次强调，对各类社会矛盾，要引导群众通过法律程序、运用法律手段解决，推动形成办事依法、遇事找法、解决问题用法、化解矛盾靠法的良好环境。

河南省焦作市解放区开展“弘扬宪法精神，服务科学发展”主题活动，制作了 1000 余份“法治大礼包”，包里装有法律宣传读本、法制扑克等普法宣传资料，发送到社区开展普法宣传活动

(四)依法反腐

腐败是党和国家肌体上的一大毒瘤,是人民群众十分痛恨的事,妨碍着党和国家事业的健康发展。党的十八大以来,党中央重拳反腐,查处了一大批党和国家的蛀虫。反腐增强了人民群众对党的信任和支持,让广大人民群众看到了法治中国建设的希望。

对于腐败问题,坚持惩治不放松。2013 年 1 月 22 日,习近平总书记在中国共产党第十八届中央纪律检查委员会第二次全体会议上讲话指出,要坚持“老虎”“苍蝇”一起打,既坚决查处领导干部违纪违法案件,又切实解决发生在群众身边的不正之风和腐败问题。要坚持党纪国法面前没有例外,不管涉及谁,都要一查到底,决不姑息。

但是,面对反腐的成果,我们也在思考并探索怎么样依法反腐,从制度上进行反腐,营造不敢腐、不想腐、不能腐的氛围,从根源上彻底根治、杜绝腐败。

要注重制度反腐,加强对权力运行的制约和监督,把权力关进制度的笼子里。除了加大反腐力度,反腐败还要从制度的层面着手,全面加强惩治和预防腐败体系建设,健全权力运行制约和监督体系,形成不敢腐的惩戒机制、不能腐的防范机制、不易腐的保障机制。这样做的目的,是要用制度的硬约束力、震慑力,从源头制止、从根本上防范和减少腐败行为的发生，净化社会风气，营造风清气正的社会政治生态大环境。特别是，要确保处于腐败问题多发领域和环节的国家机关按照法定权限和程序行使权力，要加强对这些领域的权力运行的制约和监督。

加强反腐败国家立法，特别要加强反腐倡廉党内法规制度建设。在实践中，国家法律法规和党内法规是我们建设中国特色社会主义实践的两个重要依托，党内法规既是管党治党的重要依据，更是建设社会主义法治国家的有力保障，要注重两者的有效衔接和有机统一。因此，依法反腐，除了要加强反腐败国家立法监督，还要特别加强党内政治生活，完善党内监督，这是党的建设的重要任务，也是全面从严治党的重要保障。要把法律作为硬约束发挥起来的同时，还要注重通过党内政治纪律加强对党员干部的约束，规范其行为，确保全党党员干部做到廉洁自律。2013 年 1 月 22 日，习近平总书记在第十八届中央纪律检查委员会第二次全体会议上讲话指出："要善于用法治思维和法治方式反对腐败，加强反腐败国家立法，加强反腐倡廉党内法规制度建设，让法律制度刚性运行。"2014 年 1 月 14 日，习近平同志在十八届中央纪律检查委员会第三次全体会议上发表重要讲话强调："遵守党的纪律是无条件的，要说到做到，有纪必执，有违必查，不能把纪律作为一个软约束或是束之高阁的一纸空文。"

2016年10月,党的十八届六中全会通过了《关于新形势下党内政治生活的若干准则》和《中国共产党党内监督条例》。这是党中央根据形势任务和党内的新情况新问题,就新形势下加强和规范党内政治生活做出的新决定,提出的新要求。这是完善"四个全面"战略布局的需要,是深化全面从严治党的需要,也是解决党内存在突出矛盾和问题的需要。

强化监督、监管力度,加强对权力运行的制约和监督。监督是加强和规范权力运行的根本保证和重要举措。加强和规范党内政治生活、加强党内监督是全党的共同任务,必须全党一起动手。2014年1月14日,习近平同志在第十八届中央纪律检查委员会第三次全体会议上讲话指出:"反腐败必须强化监督、管住权力。把权力关进制度的笼子里,首先要建好笼子。"笼子太松了,或者笼子很好但门没关住,那是起不到预期作用的。要发挥纪检监察派驻机构的监督作用,加强和改进巡视工作,建立领导干部谈话制度,畅通人民群众举报和监督渠道,发挥舆论监督包括互联网监督作用,建好笼子、强化监督。

2016年10月,党的十八届六中全会进一步强调指出,要完善权力运行制约和监督机制,形成有权必有责、用权必担责、滥权必追责的制度安排。要建立党委(党组)全面监督,纪律检查机关专责监督,党的工作部门职能监督,党的基层组织日常监督，党员民主监督的党内监督体系，并且认真对待、自觉接受社会监督。要支持民主党派履行监督职能，重视民主党派和无党派人士提出的意见、批评、建议。[3]

(五)全面推进依法治国必须公正司法

全面推进依法治国，必须紧紧围绕保障和促进社会公平正义来进行。这不仅仅是因为公平正义是中国特色社会主义的内在要求，是我们党追求的一个十分崇高的价值目标，更是因为中国共产党全心全意为人民服务的宗旨决定了其必须追求公平正义，保护人民权益、伸张正义。不仅要努力让人民群众在每一个司法案件中感受到公平正义，更要使人民群众切实感受到公平正义时刻就在身边。

公平正义是法治的生命线。公正司法，是国家法治文明程度的切实体现，更是国家治理体系和治理能力现代化的重要支撑。所谓的公正司法，指的是人民群众受到侵害的权利一定要得到保护和救济，违法犯罪活动也一定要受到制裁和惩罚。这不仅是法律本来该有的定纷止争功能，也是法律的尊严和权威所在。2013 年 1 月 7 日，习近平同志在全国政法工作电视电话会议上对全国政法机关和工作者提出明确要求："全国政法机关要顺应人民群众对公共安全、司法公正、权益保障的新期待，全力推进平安中国、法治中国、过硬队伍建设，深化司法体制机制改革，坚持从严治警，坚决反对执法不公、司法腐败。”2014 年 1 月 7 日，习近平同志在中央政法工作会议上再次强调：“促进社会公平正义是政法工作的核心价值追求。”

全面推进依法治国，必须保证公正司法、提高司法公信力。因为，司法公正对社会公正具有重要引领作用，司法不公对社会公正具有致命破坏作用。这种破坏作用主要体现在：

第一，司法不公会侵害广大人民群众的合法权益。司法担负着保障人民群众的生命、财产、健康、安全等各项权益的重任。同时，有别于社会风俗、乡规民约的道德软约束力，它在很大程度上承担着定纷止争的社会功能。改革开放以后，随着我国普法宣传的大力开展，有事情通过法律途径解决早已深入人心，人民群众法治意识显著增强，司法成为老百姓维护自身权益的普遍选择。因此，司法能否主持公道，决定着广大人民群众的合法权益是否能够得到有效维护和保障。如果司法不公，群众利益就会受到直接侵害。

第二，司法不公会损害法律权威和法治公信。“公生明，廉生威。”司法的尊严和权威来自于公正执法，只有司法公正，人们才能对法律产生信赖和尊重。司法公正是具体的而不是抽象的，它承载在每一宗具体案件中，存在于每一个当事人的具体感受之中。倡导司法公正，要将司法公正的理念落实、贯彻到具体的案件审判执行中。避免因司法不公践踏法律的尊严和权威，挫伤公众对司法的信任，进而对法治公信力造成难以挽回的损害发生。

第三，司法不公会戕害社会公平正义。实现社会公平正义是我们党治国理政的一贯主张和追求，也是社会主义核心价值观的基本要求。试想，如果罪恶不受惩处、正义无法伸张，司法缺乏公平公正，社会的公平公正也就无从谈起了，因此从这个意义上说，司法是维护社会公平正义的最后一道防线。司法不公对维护社会公平正义具有巨大的破坏性，因为每一次的司法不公，能看得到的损害是人民群众的合法权益，看不到的是人民群众对社会公平正义、对执政党信心和信任的丧失。

推进司法公正，要重点解决影响司法公正和制约司法能力的深层次问题。司法不公究其根本，深层次原因在于司法体制不完善、司法职权配置和权力运行机制不科学、人权司法保障制度不健全。2013 年 2 月 23 日，习近平同志在中共中央政治局第四次集体学习时强调指出："我们提出要努力让人民群众在每一个司法案件中都感受到公平正义，所有司法机关都要紧紧围绕这个目标来改进工作，重点解决影响司法公正和制约司法能力的深层次问题。"为保障公正司法，党的十八届三中全会对深化司法体制改革提出了一系列措施。紧接着，党的十八届四中全会进一步指明了司法公正的基本遵循，明确了提高司法公信力的目标和工作重点。

推进司法公正，要依靠阳光司法。因为，权力运行不见阳光，或有选择地见阳光，司法的公信力就会受到影响，在民众心中的权威性、可信度会大打折扣。只有让司法权力运行铺陈在太阳下，才能防止暗箱操作的发生，最大限度地压缩倚仗权力徇私舞弊的机率和空间。在执法实践中，要进一步推动司法政务信息公开，构建开放、动态、透明、便民的阳光司法氛围。同时，完善人民陪审员制度，扩大参审范围，在司法调解、司法听证、涉诉信访等司法活动中保障人民群众参与的权利，最大限度地接受人民监督，推行阳光司法。而且，在当前新媒体崛起的社会大背景下，要创新司法公开、透明的形式，要充分利用好网络、手机等新兴媒介，发挥其积极监督作用。

推进司法公正，要严格执法。2014 年 1 月 7 日，习近平同志在中央政法工作会议上强调："政法机关要完成党和人民赋予的光荣使命，必须严格执法、公正司法。"对于如何实现严格执法，他进一步提出"四个要"，即"要信仰法治、坚守法治，做知法、懂法、守法、护法的执法者，站稳脚跟，挺直脊梁，只服从事实，只服从法律，铁面无私，秉公执法。要坚守职业良知、执法为民，教育引导广大干警自觉用职业道德约束自己，做到对群众深恶痛绝的事零容忍、对群众急需急盼的事零懈怠，树立惩恶扬善、执法如山的浩然正气。要靠制度来保障，在执法办案各个环节都设置隔离墙、通上高压线，谁违反制度就要给予最严厉的处罚，构成犯罪的要依法追究刑事责任。要坚持以公开促公正、以透明保廉洁，增强主动公开、主动接受监督的意识，让暗箱操作没有空间，让司法腐败无法藏身”。这个“四个要”是我们在实践中做到严格执法，防范司法腐败，确保司法公正的重要抓手。

推进司法公正，要重视司法的程序公正。司法程序公正是司法公正的重要组成部分，直接体现了民主、法治、人权和文明的精神。“呼格案、陈满案、王玉虎案……近年来，司法机关纠正的数起冤假错案受到舆论广泛关注”；“据最高检统计，2013 年至 2015 年间，全国检察机关共向法院提出刑事抗诉 19783 件，同比上升 16.60%；法院审结刑事抗诉案件 13537 件，采纳抗诉意见 10791 件，同比上升13.89%”；“专家指出这些数字背后的根本原因，程序公正是实现实体公正的保障，‘程序不公往往导致实体不公甚至冤假错案’，刑事诉讼应努力在公正程序的框架下尽力查明事实真相，防止冤假错案发生”。[④]

推进司法公正，要强化司法监督机制。“举直错诸枉，则民服；举枉错诸直，则民不服”，推进公正司法，各级党组织和领导干部都要遵守司法机关依法独立公正行使职权的规定，不利用职权扰乱、干扰公正司法。同时，还要规范和约束司法权的行使，对司法活动进行监督。要完善检察机关行使监督权的法律制度，进一步完善监督的范围、方式、程序及保障措施，加强对刑事诉讼、民事诉讼、行政诉讼的法律监督。此外，还要完善人民监督员制度，重视和规范舆论监督。

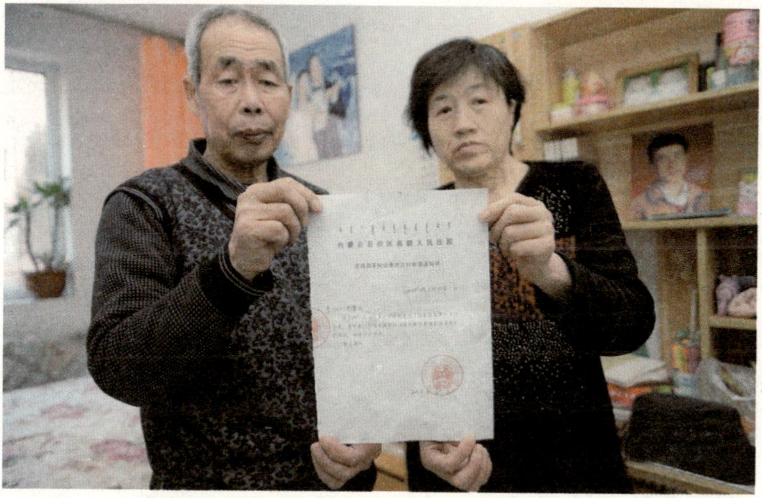

呼格吉勒图父母在家中手拿内蒙古高院出具的《受理国家赔偿费用支付申请通知书》。他们期盼办错案的工作人员受到应有的处分，更期盼从此以后不再有类似的悲剧发生。“呼格案”是法治决心的“试金石”，寄予了人们对司法公正的信任和希望

综述以上，建设中国特色社会主义法治国家，推进司法公正，必须完善司法管理体制和司法权力运行机制，规范司法行为，加强对司法活动的监督。为提高司法公信力，推进司法公正保障制度建设，党的十八届四中全会报告论述了六个方面：要完善确保依法独立公正行使审判权和检察权的制度；优化司法职权配置；推进严格司法；保障人民群众参与司法；加强人权司法保障；加强对司法活动的监督。党和国家对公正司法的重视和践行，将有助于我们建设社会主义法治文化，增强全社会厉行法治的积极性和主动性，形成守法光荣、违法可耻的社会氛围，使全体人民都成为社会主义法治的忠实崇尚者、自觉遵守者、坚定捍卫者。

（六）党规党纪严于国法

习近平总书记指出："党和法的关系是一个根本问题，处理得好，则法治兴、党兴、国家兴；处理得不好，则法治衰、党衰、国家衰。"[5]从本质上来说，我们党的政策和国家法律都是人民根本意志的反映，二者具有一致性。在我国，党领导人民制定宪法法律，也领导人民执行宪法法律，做到党领导立法、保证执法、带头守法，这就是党的领导力量的体现。离开了党的领导，中国特色社会主义法治体系、社会主义法治国家就建立不起来。因此，党和法、党的领导和依法治国是高度统一的，政法工作要自觉维护党的政策和国家法律的权威性，确保党的政策和国家法律得到统一正确实施。

正确处理党的政策和国家法律的关系，要做到党规党纪要严于国法。“治国者，先受制于法”。全面依法治国这件大事能不能办好，最关键的是方向是不是正确、政治保证是不是坚强有力，因此治国必先治党，治党务必从严。习近平总书记深刻指出：“我们党是一个有着 8800 多万党员的大党、440 多万个党组织的党，作为一个在有着 13 亿多人口的大国长期执政的党，党的建设关系重大、牵动全局。党和人民的事业发展到什么阶段，党的建设就要推进到什么阶段。这是加强党的建设必须把握的基本规律。”[6]我们党作为中国特色社会主义事业的领导核心，只有以更严的党规党纪来要求自己、约束自身，才能确保始终走在时代前列，肩负起历史使命。党的十八届四中全会《决定》强调指出，“党规党纪严于国家法律，党的各级组织和广大党员干部不仅要模范遵守国家法律，而且要按照党规党纪以更高标准严格要求自己”。这一鲜明的论断，明确了新形势下正确处理党的政策和国家法律关系的核心要义，以及党要管党、全面从严治党的任务所在。

正确处理党的政策和国家法律的关系，还要处理好党内法规与国家法律的衔接、协调工作。中国特色社会主义法治体系包含法律规范体系、法治实施体系、法治监督体系、法治保障体系、党内法规体系五个部分，是一个有机整体。其中，党内法规既是管党治党的重要依据，更是建设社会主义法治国家的有力保障。在实践中，国家法律法规和党内法规是我们建设中国特色社会主义实践的两个重要依托，提高国家治理能力的核心是提高党的依规治党能力、依法执政能力，因此正确处理党的政策和国家法律的关系，就必须在完善国家法律体系的同时，完善党内法规体系，注重两者的有效衔接和有机统一。

实现党内法规与国家法律的有机衔接，必须坚持以党章和宪法为基本遵循，将党章规定的“党必须在宪法和法律的范围内活动”和宪法规定的必须坚持党的领导的原则，贯彻到党内立规实践中，保证党内法规制度体系与中国特色社会主义法律体系内在统一，保证党组织活动和党员行为符合党规要求，同时又遵循法律规范。一方面要把党规党纪切实用起来，以此来约束和监督党组织和党员干部。另一方面要树立法治观念，保证党组织和党员干部在宪法和法律的范围内活动，做到遵纪守法。要明确“各级党政组织、各级领导干部手中的权力是党和人民赋予的，是上下左右有界受控的，不是可以为所欲为、随心所欲的。要把厉行法治作为治本之策，把权力运行的规矩立起来、讲起来、守起来，真正做到谁把法律当儿戏，谁就必须要受到法律的惩罚”。[7]

具体来说，要做好以下几点工作：切实做好党内法规的确立、改革、废除、解释工作，“对于党规党纪中虽有规定但可以由法律法规进行规范的，尽量通过法律法规来体现；对于法律既没有规定也不适合规定的事项，应由党内法规逐步实现全面覆盖；对于同实践要求不相适应的党规党纪，应及时修订或废止；对于立法明确规定应由国家法律规定的事项，党内法规不应作出规定；对于那些经过实践检验应转化为法律的党规党纪，应及时通过法定程序将其转化为国家法律，逐步形成党内法规与国家法律的衔接机制”。[8]

二、中国古代“法的治理”思想

中国传统的法治思想诞生于封建社会小农经济生产方式基础上，由于受到君主专制独裁统治的桎梏，有着较大的历史局限性。“人治”是中国传统法治思想的显著特征。

（一）国有常法则治

在中国古代社会中，无数文人一直持有实现政治有序、社会公平的美好愿望，法度则被视作实现这种愿望的利器。《礼记·礼运》篇中“大道之行也,天下为公”那段关于“大同”社会的描述就是如此。对于法度在实现政治有序、社会公平中发挥的重要作用,《管子·明法解》说:“以法治国,则举措而已。”这句话的意思是,明君治国,合乎法规的就褒奖,与法有违的就重罚。这样,依法治罪,百姓即便受死也无怨言;依法量功,百姓受赏也不必感恩戴德。这就是按照法度办事带来的功效。

在中国古代社会,实践中注重推崇运用“法”为治国治世利器的当属法家,并且有许多成功的事例。法家思想认为,人治不足以使国家长治久安,治国之道“唯法所在”,只有法治才是立国的基石,兴国的根本。因此,法家在重整社会秩序、实现富国强兵时,强调发挥“法”具有的实现政治有序、社会公平的作用,主张“任法而治”和“一断于法”,提倡要法治不要人治,主张依靠法制来最大限度地调度社会各阶层的积极性。

历史和实践证明,战国时期,凡是推行法家思想,依法治国的诸侯国都很快强盛起来,而变法最彻底的秦国也最终得以兼并六国,一统天下。法家以实践证明了“国有常法则治”的正确性。

(二)有法不用与无法等

古代的政治家、思想家都认识到法定必行的重要性。

例如《管子·法法》中说："令已布而赏不从，则是使民不劝勉、不行制、不死节。民不劝勉、不行制、不死节，则战不胜而守不固；战不胜而守不固，则国不安矣。令已布而罚不及，则是教民不听。民不听，则强者立；强者立，则主位危矣。故曰：宪律制度必法道，号令必著明，赏罚必信密，此正民之经也。"

这段话翻译过来的意思是，法令已经公布，而不能依法行赏，这就会令百姓不勉力从公，不执行军令，不为国而死。如果百姓不勉力从公，不执行军令，不为国而死，则战不能胜而守不能固；战不胜而守不固，国家就不会安全了。法令已经公布，而不能依法行罚，这就会使百姓不服从法令。百姓不服从法令，强人就要兴起；强人兴起，君主地位就危险了。所以说：法律制度一定要合于治国之道，号令一定要严明，赏罚一定要信实坚决，这都是规正百姓行为的准则。

因此，法律的生命力在于实施，权威也在于实施。法律规定只有真正落实下去，才能发挥其效用。

（三）治大国而数变法，则民苦之

在中国封建社会，法律的稳定决定着社会整体的和谐与稳定。在这一价值指向下，维护法律统一及稳定的重要性不言而喻。

法律必须稳定,中国古代许多有见地的法学家和统治者对此都有较清醒的认识。《韩非子·定法》中说:“韩者,晋之别国也。晋之故法未息,而韩之新法又生;先君之令未收,而后君之令又下。申不害不擅其法,不一其宪令,则奸多。”这段话说的是,战国时期的韩国是从晋国分出来的国家。晋国的旧法没有废除,而韩国的新法又已公布;晋君的旧法令没有收回,而韩君的新法令又已下达。申不害做不到整齐划一地推行新法,国家的法令不一致,奸邪的事就增多了。

法家的代表人物韩非,也看到法的稳定性的极端重要性:“治大国而数变其法,则民苦之。是以有道之君贵静,不重变法。”这里强调的是立法、执法、审判机关对法律解释的一致性和连贯性,以及法在社会中的平等性、普遍性特征。

所以,《韩非子·解老》中说:“凡法令更则利害易,利害易则民务变,务变之谓变业。故以理观之:事大众而数摇之,则少成功;藏大器而数徙之,则多败伤;烹小鲜而数挠之,则贼其泽;治大国而数变法,则民苦之。是以有道之君贵静,不重变法。故曰:‘治大国者若烹小鲜。’”这段话说的是,凡是法令变更了,利害情况也就跟着改变;利害情况改变了,民众从事的作业也就跟着变化;从事的作业有了变化,就叫作变换劳作项目。所以按照道理来看,役使大众而屡让他们发生变动，功效就会很小；收藏贵重器物而屡加挪动，损毁就会很大；烹煮小鱼而屡加翻动，就伤害它的光泽而使鱼破碎；治理大国而屡变法令，百姓就会受到坑害。因此，懂得治国原则的君主把安定看得很宝贵，法令确定以后，不再轻易变更。所以《老子》说："治理大国就像烹煮小鱼一样不能乱动。"

当然，这里所说的"静"，法的稳定，是指同一政权之上的法的稳定，不包括朝代更迭过程中发生的法律的巨变。

（四）司法务必公正

司法公正是法律精神的内在要求，是法治的灵魂和核心。中国古代社会的思想家、政治家们将公正认定为司法的基本价值之一，对司法公正的重要性和必要性有着十分丰富的理解，强调暴虐速亡，多从维护封建统治的角度深刻阐释公正这一司法理念的现实意义，并在中国传统法律文化领域推崇一种以公正为核心价值的司法理念。

公正司法是政权稳定、王道统治的重要保障。《孟子·离娄下》中孟子曰："无罪而杀士，则大夫可以去；无罪而戮民，则士可以徙。"孟子说士人没有罪而被杀，大夫见了，必然另谋高就；老百姓没有罪而被杀，士人见了，必然另择其主。自古，不战而屈人之兵被奉为兵法上策，不战而屈人之国更被奉为王道，是中国历代封建帝王信奉追随的终极典范。中国古代社会的思想家、政治家们对此都曾作过广泛而深入的讨论，指出统治者如果信奉滥刑无辜的司法暴虐主义，那就会自取灭亡；相反，如果信奉司法公正的价值信条，做到赏罚、刑罚公正，就可以实现富国强兵，进而成就霸业。显然，中国古代社会的思想家、政治家们认为司法公正是国家政权稳定、实现王道霸业、维护并巩固封建统治的重要保障。

公正司法可以规范社会秩序。帛书《黄帝四经》的《经法·君正》中说："受赏无德，受罪无怨，当也。"人民受赏不戴德，受罚不含怨，这是因为赏罚得当的缘故。《荀子·正论》中说："治古不然。凡爵列、官职、赏庆、刑罚，皆报也，以类相从者也。一物失称，乱之端也。夫德不称位，能不称官，赏不当功，罚不当罪，不祥莫大焉。"这句话说的是，治理得好的古代并不是这样的。凡是爵位、官职、奖赏、刑罚都是一种回报，是与行为的类别相应的。一件事情赏罚失当，那就是祸乱的开端。德行和地位不相称，能力和官职不相称，奖赏和功劳不相当，刑罚和罪过不相当，不吉利的事没有比这更大的了。

司法公正对社会公正具有重要引领作用，司法不公对社会公正具有致命破坏作用。古人对司法不公的社会负面效应有着清醒和极为深刻的认识。司法不公，即对小人之恶不予惩罚，对君子之善不予奖励，或是给予的惩罚、奖励名不副实，其直接后果不仅会助长小人的嚣张气势，而且错误的奖赏、刑罚会使君子之道消失殆尽，使井然的社会秩序受到破坏。不公正司法会导致一系列严重的社会后果：最初，它将导致民众的各种行为没有礼制、规范可以依从，民心大乱，手足无措；进而，社会风气变坏，社会上歪门邪道的人和事层出不穷，这样极易萌生祸乱，发生社会动荡。所以，中国古代的思想家、政治家们对公正司法规范社会秩序的作用十分看重，特别强调公正司法对于社会上善的维护和提倡的意义，指出假如出现奖赏不公的失误，宁可让邪恶的人一时得利，也不能伤害好人。

公正司法可整饬民风、辅助教化民众。中国古代社会的思想家、政治家们认为公正司法对民众的教化作用体现在两个方面：第一，执政者的公正司法不仅能得到民众的爱戴拥护，也为民众树立了榜样，正所谓“上梁不正下梁歪”，相反“上公正，则下易直矣”。第二，公正司法是统治阶级爱民的表现，严明刑罚是为了不用刑罚，公正司法为民众设定了是非对错的标准，公正严格执法能够对民众的作奸犯科行为起到一定的震慑作用。从这两个方面阐述司法公正的重要性和必要性，虽然弱化并冲淡了封建司法中极易出现的人为差异性以及封建司法的残酷性，却一定程度上体现了中国古代司法无法摆脱人治的本质特点和中国古代司法公正的重要特征。

司法公正，在法家看来应该“法不阿贵”“刑无等级”。“不别亲疏，不殊贵贱，一断于法”是对这种思想的最好诠释，主张法律要做到“法不阿贵，绳不挠曲”“刑过不避大臣，赏善不遗匹夫”。但是君主专制制度和法治精神是水火不容的，“刑无等级”“王子犯法与庶民同罪”等，都不过是一句空话、一种幻想。

（五）法与德不偏废

法律和道德分别属于思想文化上层建筑的不同领域，法律属于制度的范畴，而道德则属于社会意识形态领域。从内容上来看，法律主要涉及的是法律条文赋予的权利与义务，道德则强调个人在道义上对他人、对社会集体承担的义务和责任。从对人的约束力量对比上看，前者是硬约束，包含惩罚措施，后者是软约束，依赖个体的主体能动性发挥。

在中国历史上，围绕人“性本善”还是“性本恶”的不同认识，产生了“德”与“法”“刑”的关系争论。例如，法家相信刑法的威慑作用，而不相信民众的自觉。而道德论者肯定了法制在社会纷争时的强制作用，但也指出了法制对人心的副作用，更倾向于发挥道德教化的长期、深远作用。

中国历史上，各个时期的思想家和执政者依据当时的具体情况对“法”与“德”各有倚重。重法者看重其对人行为的规范作用，重德者则看重道德对人心的教化功能。注重法的思想家，偏重于强调法律的限制、制止和惩罚的强制作用，忽视了人的主观能动性，并没有把每个个体当成有自由意志的“人”去看待、去管理。重“德”的言论恰恰与之相反，强调利用道德的教化优势去弥补法律刚性束缚的不足。在重“德”的这些思想家看来，道德高尚的执政者是可以使用“仁”“爱”和“信义”等道德层面的教化使百姓服从的。例如，孔子、荀子等思想家重视“礼”。他们提倡国家的、家族的礼仪、礼法，提出以“德”来教化，以“礼”来规范。

再如，《荀子·王霸》中说：“故厚德音以先之，明礼义以道之，致忠信以爱之，赏贤使能以次之，爵服赏庆以申重之，时其事、轻其任以调齐之，潢然兼覆之，养长之，如保赤子。”这句话说的是，管理百姓应以善言教化为先，申明礼法道义以疏导百姓，表达忠诚信义以关爱百姓。其次要奖赏贤德之人、任用有能力之人，给予他们爵位、奖励以表示重用。选适当时机派徭役、减轻百姓负担去调剂劳逸，以宽大的恩惠去保护他们、休养生息，如同保育婴儿一样。

概括来说，在中国封建主义社会，每当社会分裂、时局动荡的时期，为了巩固统治权威，统治者更倚重利用法律的强制性规范作用；相反，在太平治世，执政者为了显示仁政爱民，追求社会稳定，更看重道德对人民的思想提升作用。

三、澄清思想上有关法治的错误认识

(一)西方法治不是人类的神话

美国当地时间2016年7月5日。

路易斯安那州一名白人警察连开多枪打死非洲裔小贩奥尔顿·斯特林。

美国当地时间2016年7月6日晚。

美国明尼苏达州一名警察盘问一名涉嫌违反交规的非洲裔男子时,连开四五枪击毙对方。死者的女朋友用手机录下当时情景,引发广泛震惊。事发后,美国总统奥巴马向遭警察枪杀的黑人司机的家庭表示慰问,并称美国已经发生了"太多类似这样的悲剧"。⑨

接连发生的两起社会事件,引发美国民众对警察暴力执法、种族歧视的愤怒。

之后,全美各地爆发了游行示威。其中,达拉斯的游行示威演变成了报复性枪杀案,5名达拉斯警察被打死,另有6名警察和1名平民被打伤,枪手落网后还扬言要杀更多的白人警察。

对美国来说,这两起事件不是个案。近些年,由警察暴力违规执法引发了波及全美多个城市的恶性种族冲突屡有发生。白人警察与黑人受害者间的矛盾，折射出美国社会黑白族裔之间的种族矛盾，并未像政府宣传中所说的随着时间的推移已经被化解，而是愈演愈烈。从社会法治角度来看，两起社会事件反讽而具警示意味的是，在一向标榜法治的国度，有色人种危机四伏，而最大可能产生威胁的恰是执法者。

对此，我们不仅疑问并审视，美国标榜的法治社会怎么了？

法治，一直以来是以美国为首的西方国家标榜的现代化国家必备的特质之一。但是，从 2014 年的弗格森骚乱到 2015 年的巴尔的摩事件，再到 2015 年枪击黑人的警察被判无罪，引发克利夫兰抗议，这些示威活动直接指向的就是被誉为神话的西方法治。抗议者对美国司法不公、执法过度的愤慨，表明美国标榜为法治国名实不相副，凸显出建设法治国家必须遵循的“法律面前人人平等”首要原则终不敌种族歧视这一美国社会的顽疾。

美国白人警察暴力频发的社会事件，暴露出美国司法实践中存在一些严重问题，事件背后指向的是美国司法体制存在严重缺陷。

第一，接连发生的白人警察枪杀黑人事件凸显出警方执法中过度使用武力的行为。据美国司法部研究报告显示，美国每年至少有 400 人在警民冲突事件中死亡，其中四分之一涉及白人警察和黑人民众，而其中黑人死亡比白人警察要多2倍以上。

第二，在司法审判中，黑人犯罪往往受到比白人犯罪更重的处罚。美国司法体系对“执法过度”现象持有放任纵容态度。白人警察“无罪”或“不予起诉”已经成为此类案件的习惯性结论。这一执法偏颇行为，不仅发生在非洲裔案件，对此前发生的美国警察打伤亚裔老人、逮捕印度女外交官等丑闻的处理亦是如此，司法部门最终被冠以“严格执法”的美名。据统计数据显示，约70%的美国地方警察是白人，这更加剧了执法失衡这一现象。而在案件审理过程中，拥有司法“话语权”的一方往往也会在审理过程中掺入过多主流社会潜意识中的“种族”因素，造成强者继续横行、弱者喊冤无门的情形。

对此，美国前司法部长霍尔德也承认，发生在弗格森、克利夫兰、纽约、凤凰城等地的暴力执法事件背后指向的是美国司法体制存在严重缺陷。

屡屡发生的现实事件说明，美国在法治道路上任重道远。这也警醒我们，要慎重审视以美国为代表的西方国家的法治。

（二）依宪治国与“宪政”不是一回事

对于党中央提出的依宪治国，当前社会中存在一些错误做法，将党中央提出的“依宪治国”与西方国家的宪政相提并论。这种做法可谓大错特错。

要清楚认识，依宪治国与“宪政”不是一回事，我们搞依法治国不是就要走西方的“宪政”道路。我们要走的法治道路是中国特色社会主义法治道路，走的是一条坚持党的领导、坚持中国特色社会主义制度、坚持中国特色社会主义法治理论的法治道路。这条路与“宪政”南辕北辙，根本不是一回事。

因此，要保证我国法治建设沿着依法治国、依宪治国的正确方向前进，首要的前提就是必须弄清我们所说的依宪治国和西方“宪政”的本质区别，划清两者之间的界限。

从概念上看，所谓“宪政”一词，特指西方的法治发展模式，党中央提出的“依宪治国”与西方“宪政”具有本质区别。从历史的角度来看，“宪政”是西方资产阶级革命否定、反抗封建专制统治的产物，是西方法学理论基于历史、对自身经验的理论总结，对西方资本主义国家政治发展模式做出的提炼概括。在经过西方学者的反复阐释和演绎后，“宪政”成为一个专有名词，其现在已经成为一个具有鲜明指向和特定内涵的范畴，主要包括三权分立、多党制等基本内容。

再看党中央提出的“依宪治国”，这其中提到要依照的“宪”，指的是中华人民共和国宪法。它以国家根本法的形式，确立了中国特色社会主义道路、中国特色社会主义理论体系、中国特色社会主义制度的发展成果，体现着我国各族人民的共同意志和根本利益，是党和国家的中心工作、基本原则、重大方针、重要政策在国家法制上的最高体现。因此，从概念内涵来看，西方宣扬的所谓“宪政”，与我们提出的“依宪治国”，有着本质区别，不能做简单化处理，仅仅从字面上去理解。

我国宪法以根本法的形式，确立了党在国家中的领导地位，并确立了我国的政体是人民代表大会制度，国家行政机关、审判机关、检察机关都由人民代表大会产生，对它负责、受它监督。这些是中国特色社会主义法治道路的基本原则和制度安排。它们是历史选择和历史形成的。我们讲依法治国、依宪治国，就是要坚持好、落实好这些基本原则和制度安排。

反观一些西方国家的法治模式，它们的所谓“宪政”问题颇多。2016 年精彩剧情不断翻转上演、让美国选民和世界观众跌破眼镜的美国总统大选，充分显现出西式民主正面临深刻危机。这场选举中的党派博弈让民众清楚地意识到美国的民主制衡已经演变为权力掣肘，国家利益在选举桌下的党派博弈中被绑架。美国大选尘埃落定后，在谷歌搜索引擎中，排在搜索榜榜首的几个关键词句分别是“如何逃离美国”“穷人如何逃离美国”“没有护照如何逃离美国”。这虽然是网友的调侃与恶搞，但折射出美国民众对国内政治某种程度上的担忧。此前，对于美国政治，就连“历史终结论”的提出者弗朗西斯·福山，也曾发出美国“政治衰败”的哀叹。

但是近些年来，以美国为代表的一些西方国家在世界上极力推行它们的“宪政”模式，其初衷包藏祸心，想以此为手段来搞乱别国、扶植势力控制别国，最终维护其世界霸权地位。有些发展中国家没有看清西方国家兜售所谓“宪政”的本质，盲目照搬照抄，结果适得其反，不仅没有实现国家繁荣发展，反而陷入无休止的政权更迭和社会动荡，教训十分惨痛。从世界范围内来看，惨痛教训的例子不少。比如，菲律宾在第二次世界大战之后曾是仅次于日本的亚洲第二大经济体，而且条件优越、资源丰富，特别是完全克隆了“美式民主”模式，被当时的西方舆论一致看好。但时过境迁，菲律宾已落到亚洲很多国家后面，甚至一度被英国《泰晤士报》称为“东南亚的一个失败国家”。[10]

注释

①⑧⑩中共中央宣传部理论局.法治热点面对面[M].北京：学习出版社，人民出版社，2015：23，143，45.

②习近平.习近平谈治国理政[M].北京：外文出版社，2014：138.

③中国共产党第十八届中央委员会第六次全体会议公报[R/OL].(2016-10-27).http://news.xinhuanet.com/politics/2016-10/27/c_1119801528.htm.

④专家:应充分重视程序公正防止冤假错案.[J/OL](2016-05-29).http://news.xinhuanet.com/legal/2016-05/29/c_1118951031.htm.

⑤⑦中共中央宣传部.习近平总书记系列重要讲话读本[M].北京:学习出版社,人民出版社,2016:96,97.

⑥习近平.在庆祝中国共产党成立95周年大会上的讲话[N].人民日报,2016-07-02(2).

⑨两天接连两起美国警察枪杀黑人血腥场面被直播[N].北京晚报,2016-07-08(15).

第五章　做好社会层面核心价值观培育工作

核心价值观在一定社会的文化中是起中轴作用的，是一个国家的重要稳定器。习近平总书记指出："人类社会发展的历史表明，对一个民族、一个国家来说，最持久、最深层的力量是全社会共同认可的核心价值观。"因此，为了实现中华民族伟大复兴的发展目标，针对当前我国社会上存在多种多样的价值观念和价值取向的现实，我们要把全社会的意志和力量凝聚起来，形成广泛的社会共识，认真做好社会主义核心价值观的培育和践行工作。

就社会层面核心价值观的培育来说，倡导构建"自由、平等、公正、法治"的社会，既不源于先知先觉，也不源于主观的闭门造车，它主要是基于中国特色社会主义实践，在实践中逐步沉淀、概括出来的结论。因此，培育工作要立足于中国特色社会主义实践，与实践紧密相结合，要有现实针对性，要有的放矢。要同改革开放的实践经验、伟大成就联系起来，同全面建成小康社会的目标联系起来，要基于中国特色社会主义实践，开展好社会层面核心价值观的培育工作。

另外，当前在新媒体崛起的大背景下，互联网早已成为一个交换信息、沟通交流的大平台，每天都有亿万网民在上面获取信息、交流信息，互联网大环境对网民的思维方式、价值观念等都将产生重要的影响。因此在社会层面核心价值观的培育工作中，要注重建设网络良好生态，着力发挥网络监督、反映民意的作用。

一、挑战

（一）思想道德文化“多元、多样、多变”淡化了制度意识

近代以来，中国社会无论其变化的速度，还是其发展的广度和深度，都远远超过了历史上的任何一个阶段。特别是改革开放以来，中国社会的变化再次提速。

用马克思主义理论的立场观点分析，急剧变化的社会现实基础，必然影响并决定着人们思想道德文化的上层建筑。我国社会变革提速带来的影响之一就是，思想道德文化领域显现出了“多元、多样、多变”的显著特点。

人们思想道德文化领域出现的“多元、多样、多变”，使制度的稳定性面临着深刻挑战。一般情况下，在任何一个

社会中，某些代际相传的“传统”融入在制度中，成为保障社会稳定或建构社会同一性的第一元素。制度的特点是“稳定”，强调延续性。但是，改革的特点是“破”，具有变动性。二者之间的这种对立在现实实践中表现为：改革开放以来，经济领域的改革逐步扩展到社会各个领域，制度的变革使得人们不再恪守以往对制度稳定性的追求。

改革开放以来，发生在思想领域的“多”与“变”，当首推民众对社会制度和意识形态的观念与态度发生的转变。随着改革开放的深入，特别是经济体制改革的深化，人们已经改变了以往计划经济时代对“一种制度”“一种意识形态”的认知，思想表现出空前的包容。同时，对待制度的态度也更为理性和务实。

在社会调查中，人们更倾向于以经济发展水平作为评判制度好与不好的评价标准和选择准绳。据调查数据显示，有36.9%的人认为，“只要过上好日子，哪种社会制度都可以”。[①]这些，都显示出民众在对待制度的态度上，变得更为理性和务实。

民众对制度的态度变得更为包容，在制度的选择上显得更理性和务实，从表面上看，这是民众“传统”意识淡化的表现，但是这种表象背后更深层的原因是理想信念的弱化。对于这点，我们要特别予以重视。因为，理想之光照亮奋斗之路，信仰之力开创美好未来。一个国家，一个民族，要同心同德迈向前进，必须有共同的理想信念作支撑。人民有信仰，民族才有希望，国家才有力量。要意识到，“没有坚定地制度自信就不可能有全面深化改革的勇气，同样，离开不断改革，制度自信也不可能彻底、不可能久远。我们全面深化改革是要使中国特色社会主义制度更好；我们说坚定制度自信，不是要故步自封，而是要不断革除体制机制弊端，让我们的制度成熟而持久”。[②]

综述以上，改革开放30多年来，我国经济巨大发展带来了人民生活水平的提高，但也带来人们思想道德文化“多元、多样、多变”的特点。思想道德文化的“多元、多样、多变”使得人们在制度选择上，对待制度稳定性的态度不再强烈，对制度也不再充满强烈的理想主义色彩，在制度选择上变得更理性、务实。这些为社会层面社会主义核心价值观的培育和践行工作带来不小的挑战。

（二）一些社会问题引发困惑和质疑

改革开放以来，社会各个领域的提速发展带来、积聚了一些社会问题，这些社会问题造成了社会层面价值倡导与个体现实认知之间的反差大。社会层面价值倡导与个体现实认知之间的反差，甚至在某种程度上的背离，带给社会个体的生命体验就是思想上的迷茫和混乱。这种个体体验将引起个体对主流意识形态的质疑，导致对社会层面核心价值观理解、认知的困惑，极大弱化和解构着社会层面核心价值观的培育效果。

例如，随着近些年贫富差距的拉大，公众对"公正"问题保持了高度关注。作为执政党，中国共产党早就把推进社会的公平公正提上了日程，而且在不断加大对它的解决力度。但是，社会现实问题的出现不是一时一天，其解决也不是一蹴而就的，而需要一个过程。而且，在目标与现实之间，往往现实给人的感受更为真实和强烈。因此，那些尚在解决过程中的社会问题，加重了人们思想上对公正的困惑，加大了公众对党实现社会公正目标合理性、可行性的质疑，为社会层面核心价值观"公正"的培育工作增添了不小的难度。

社会大众对改革带来的一些社会问题的盲目归责，导致的严重后果就是，质疑主流意识形态，政府公信力下降。在对"当前社会的判断"调查中，529 人选择当前社会"是关系社会，没关系难办事"、492 人选当前社会"更加不公平，弱势群体受挤压"、436 人选当前社会"是等级社会，不同群体难以平等"、287 人选"是权力社会，有权人垄断资源与机会"、119 人选"是民主社会，法律与市场面前人人平等"、106 人选"是合作社会，人人为我，我为人人"。[③]不难看出，大多数人对当前社会具有不满情绪，这种不满就来自于对公平、正义、自由、平等、民主、法制的期待与现实有差距这个现状。

另外，从调查数据上看，大众的不满主要集中在某些特定的、权力集中的领域，积聚在官员腐败和分配不公两大“改革开放问题”上，这使得政府官员成为道德上不被信任的第一群体。例如，在中央宣传与国外思潮发生矛盾时，很多人选择“相信国外正确”就说明了这个问题。政府公信力下降，民众对国内主流意识形态质疑，带来的后果是严重的。它在动摇主流意识形态建筑起来的信念和信心的同时，还严重削弱了中国社会的意识形态抵御西方敌对势力分化的能力。这些为社会层面核心价值观的培育工作加大了难度。

还有，改革开放以来，在市场经济观念主导下的中国社会中，国外各种生活理念、生活方式蜂拥而来，一时之间泥沙俱下，许多曾经销声匿迹的不良社会现象沉渣泛起，加大了公众的思想困惑和对主流意识形态的质疑。“一切向钱看”的口号从经济领域泛化到社会生活的一切领域，市场等价交换原则被扭曲运用到人际关系和社会关系之中，“潜规则”甚嚣尘上。社会出现大量不良现象：一些腐化的党员干部叫嚣“有钱能使官推磨”，大肆买官卖官；大街上老人跌倒，众人不再争相搀扶，而是要离得越远越好，防备被讹诈；部分“白衣天使”再也不把救死扶伤奉为至上原则，而把医生职业当成“捞外快”的工具等。此类不良社会现象极大地造成人们思想上的混乱，污浊了社会氛围。

加之新媒体时代，人人都是媒体人，既是信息的发送者，也是信息的接受者。良莠不齐的传播主体借助互联网的平台，借助新媒体手段为一些具有不良社会影响的社会事件推波助澜，将一些不良社会风气的影响成倍放大，这些都加大了社会主义核心价值观培育工作的难度，带来了挑战。

（三）网络平台上价值多元弱化、解构着核心价值观

随着新媒体的崛起，社会主义核心价值观培育工作的社会大环境在发生变化。新媒体传播呈现出鲜明特点，具体来说有以下几点：

第一，新媒体传播，特别是微博、微信、QQ 等主要倚重以社会关系为传播渠道的“个人门户”传播模式，使得传统媒体信息把关、舆论调控机制失效。此外，网络平台的隐秘性和虚幻性特点，使得个体发表煽动性和破坏性言论带来的误导性后果处罚成本降低，助长了个体情绪和压力的释放，降低了个人的理性，个体言论在网络舆论的演变过程中极易情绪化。同时，受粉丝追捧的网络大 V 有影响力的帖子独霸舆论场的现象时有发生，独立的选择、判断与表达在网络平台上变得越来越困难。

第二，新媒体平台上，充斥着海量的信息，但信息承载

的内容却很浅显、细碎，信息碎片化传播特征显著。碎片化传播，主要体现为事实性信息传播的碎片化和意见性信息传播的碎片化两个层面。前者指信息来源的多元化、观察视角的分散化、信息文本的零散性及信息要素的不完整性；后者不仅指意见的零散性，更指意见的异质性、分裂性。新媒体平台上意见的形成，其实是各种“碎片意见”碰撞、冲突的过程，这与传统媒体所反映出来的社会意见的相对一致性迥然有别。新媒体平台上，信息的碎片化传播特征提出了更明晰呈现、更准确分析和更深层解读信息的要求。

第三，我国当前处于社会转型期，社会矛盾多发。当前，从网络上民众对一些社会事件的跟帖可以把握到大众社会的心态和舆论。不难发现，一些基层政府部门领导干部的职业素质和能力是民众产生质疑的高发问题，由此问题引发的社会舆论把此问题的原因都归结为政府部门的不作为和胡作为，导致政府公信力的下降。由此可见，在新媒体平台上，多数情况下社会主义主流意识形态陷于微势甚至是失势的局面。

概括来说，新媒体带来传播主体多元、受众分化明显、信息碎片化、媒体生态复杂的传播新格局，这也是当前社会主义核心价值观培育的社会大环境。

在新媒体平台上，西方人生观、价值观和道德观的渗透，弱化甚至解构着社会主义核心价值体系，极易导致人们政治信念和价值观念发生偏移。一方面，一些西方国家加大对我国意识形态的渗透。“西方把他们的民主、自由、人权等美化成所谓普世价值，使许多人上当，并成为策动一些国家颜色革命和一些地区动乱的思想武器，成为西方干涉别国内政、实现自己战略图谋的工具。”[4]迎合西方“普世价值”的宣扬，国内的错误思潮此起彼伏，宪政民主、普世价值、新自由主义、历史虚无主义等思想观念通过网络、手机等新媒体对广大人民群众的影响日益扩大，弱化、解构着社会主义核心价值观。国内也时不时出现一些错误论调：“‘就要科学对待资本主义的东西’‘研究文化的世界意义’‘过去批评普世价值过头了’‘我们现在用的正是美国的自由、平等、民主、公正’。这种倾向实际上就是把我们今天培育的社会主义核心价值观完全等同于向西方靠拢，照搬或者逐步接受西方的价值观。这是不符合实际的，在中国也是根本行不通的。这样的误读，就会丧失文化自觉、自信、自强。顺着这种思想倾向滑下去，只能是民族虚无主义、历史虚无主义，只能背离科学社会主义的主旋律。”[5]在社会主义核心价值观的培育中，最大的危险和挑战也就在这里。

另一方面，由于西方国家基于对新媒体数据资源的控制权，已经形成了在思想文化信息上的集权。通过网络、手机等新媒体,美化西方国家的价值观念和生活方式不断涌入国内。这使得广大人民群众,特别是青少年盲目羡慕和追求西方文化,对以马克思主义为指导的主流意识形态认同感减弱,蔑视甚至抛弃中华民族的文化价值观及生活方式。例如,近些年在我国青少年中,流行对韩国电视剧、歌星的追捧,进而认同、追求其宣扬承载的价值观和生活方式。

二、机遇

(一)对制度理想主义的需求仍在

当前,无论是文化精英还是在社会大众,大家对中国优秀传统文化、制度理想主义的追求、情结,余温尚在,这为我们培育和践行社会主义核心价值观提供了机遇。

人民大众对中国优秀传统文化表现出认同和坚守的态度。在关于“加强文化建设应当优先重视哪些方面”的调查中,江苏和边远地区分别有56.3%和41.7%以上的人选择“弘扬传统文化”,居所有选项第一。[6]不难看出,社会民众对社会主义制度的坚守、对中国传统文化的传承,以及以接纳的态度对待世界文明有益成果,这些反映出当代中国社会发展的新要求、人民的新期待,正如习近平总书记在与北京大学师生座谈时指出的:“我们提出的社会主义核心价值观,把涉及国家、社会、公民的价值要求融为一体,既体现了社会主义的本质要求,继承了中华优秀传统文化,也吸收了世界文明有益成果,体现了时代精神。”[⑦]这是我们构建核心价值观的基础共识。

人民群众对社会主义制度表现出比较包容的特点,对马克思主义的热情仍在。改革开放以来,我国意识形态、文化、道德领域均呈现出多元的特点,我国在很大程度上受到以美国为首的西方世界话语体系的影响。例如,在“你认为外部世界近几十年来的变化与当今中国的关系是什么?”的调查中,被调查对象41.4%选择“中国自主地按照自己的道路前进”,37.6%选择“它引导中国向它们主导的方向发展”,还有16.7%选择“中国按照外部世界的要求变化没有什么不好”。虽然最大选项是肯定中国独立自主的发展,但第二个选择即认为中国受外部世界引导的比例与它十分接近,加之“按照外部世界要求变化”具有“终结”色彩的模糊认识,说明中国当代意识形态受全球化的影响已经很大,如果将第二、第三两个选项加起来,潜在的影响将更大。[⑧]

但是,在当代中国社会,虽然社会大众对制度不再充满强烈的理想主义色彩,对制度的选择也变得更理性、务实,但是我们在某种程度上仍需要依靠制度的理想主义来激励、凝聚发展的动力。因为，无论制度意识如何包容和多元，制度的理想主义应当是唯一的和不变的，否则将导致社会尤其是社会变革热情的冷却甚至丧失。在关于“社会主义与资本主义相比较，哪个好”的调查中，32.9%的人选择“社会主义比资本主义好”，证明了当前中国社会有大部分人对社会主义制度的热情仍在。此外，大部分人认为在各种思潮中，相对于西方马克思主义、新儒家学说和民主社会主义而言，马克思主义比较符合中国实际；[9]这些反映出当前中国社会大众对“社会主义”“马克思主义”的信仰在某种程度上仍在。

当前中国现行制度在制度理想主义、社会主义制度情结方面不能满足社会大众的心理和感情期望。近代以来，共产主义制度中蕴含的理想主义传统作为我国民族、国家的集体记忆积淀下来，在新民主主义革命时期、社会主义改革和建设时期都发挥了意识形态凝聚力的重要功能。虽然，新中国成立以来，民众经历了长达几十年对制度理想主义的追求、失败的过程，但是在改革开放的大潮中，饱经了欧风美雨的袭击和现代化的涤荡之后的人们，不仅在情感与价值上眷念曾经的制度所赋予的精神家园的美好，而且希望重新找到能够包容整个社会的精神家园和精神同一性的力量。在关于意识形态的调查中，65.5%的人主张对当前意识形态进行调整，调整的关键词是“多元包容”，不仅包容不同阶层的思想，而且包容不同思想体系，乃至“包容性越大越好”，这些主张的选择率达到96.9%。[10]

可见，无论在我国的意识形态构建中，还是在大众意识形态心理的培育中，存在共同的一点需求是在一定程度上，人们将社会的凝聚力、向心力的重建希望，寄托于曾经的社会制度中的某些合理部分在某种程度上的复苏。因此，“制度理想主义的追求”与“制度理想主义的现实供给不足”，共同决定了当前我们在某种程度上对制度理想主义的需求。

（二）当前大众理性思维的确立，更易于培育价值共识

我国人民群众在文化支出方面的几组数据，特别是对农民群体发展意向的调查说明，我国学习型社会已经初现端倪。首先，大多数家庭在收入提高以后逐渐增加在文化方面的支出。根据《当前我国文化领域多元、多样、多变的特点和规律》调查数据显示，675 个家庭年收入 30%以上用于文化方面的支出，789 个家庭这方面支出在 20%左右。其次，大多数家庭在文化方面支出大头是子女教育，次为自己学习进修。例如，调查中，1386 人首选子女教育，464 人首选学习进修，283 人首选购买书籍。

再次，关于农民群体发展意向的调查显示，广大农民渴望通过自己努力改变命运。许多农民仍持传统立场，安

土重迁，喜欢坚守传统稳定的生活，但对生活方式的期望发生改变，希望能够进城务工，拿到“铁饭碗”。例如，对“如果让您选择，您更愿意过哪种生活？”问题的设置，考察的是人生价值理想。相对说来，农民选“成家立业，过平淡稳定生活”的相对较多，47人，选“有铁饭碗，生活稳定实惠”的23人。但是，也有很多农民不愿像自己前辈一样过传统生活，而愿意接受市场经济的挑战，努力创业创新，希望通过自己的努力改变命运。如选“努力创新，实现能力，追求卓越”的42人，“为创业多吃苦、多付出”的38人，“不甘平庸，争取出人头地”的35人，“努力改变命运，不愿过传统生活”的31人。

伦理道德方面，调查数据显示社会大众思想道德上现代性程度加深，理性思维逐步确立。例如，在伦理关系方面，传统“五伦”中的四伦，即父子、兄弟、夫妻、朋友，被认为最重要，只是君臣关系被置换为同事和同学关系，它们构成现代中国的“新五伦”。而在道德生活方面，也出现了改变。伦理与道德的“变”是：伦理上坚守传统，道德上走向现代。“公正论与德性论的二元对峙，伦理道德悖论的形成，标志着当今中国伦理道德的发展走到一个十字路口，这是发生重大转型的征兆。”[11]

再如，当发生人际冲突时，80.0%的人选择“找对方沟通”或“找第三方调解”。对于伦理道德的基本原则，

36.4%的人认为是多元、多样、多变的文化中相对不变的因素，高居诸选择之首。这些数据说明，“伦理道德在中国文化、中国社会中的地位并没有变。伦理道德的内涵和标准变化了，但伦理型文化的性质并没有变，中国文化依然是伦理型文化；伦理道德多元多样，但它们作为社会同一性建构的首要基础的地位并没有变”。[12]

通过上述分析，可以得出下述结论：一方面，中国社会大众对文化的重视，学习型社会初现端倪。这一特征将有助于社会大众批判性、理性思维的确立。另一方面，社会大众思想道德上现代性程度加深，有利于道德领域中理性思维的培育。而这些特质，将有利于加大社会大众对社会层面社会主义核心价值观共同理念的认同。

三、做好“自由、平等、公正、法治”的培育工作

培育和弘扬核心价值观，有效整合社会意识，是社会系统得以正常运转、社会秩序得以有效维护的重要途径，也是国家治理体系和治理能力的重要方面。历史和现实都表明，构建具有强大感召力的核心价值观，关系社会和谐稳定，关系国家长治久安。

实现凝心聚力的强国梦想，构建公平正义的社会信念，铸就昂扬向上的公民品格，这些不仅是中华民族复兴

的精神支柱，也是我们推动全面深化改革的力量源泉。培育和践行社会主义核心价值观，有助于我们凝聚改革共识，推进国家治理体系和治理能力的现代化，把我们的国家建设得更加富强、民主、文明、和谐和美丽，让中华民族以自信、自强的姿态屹立于世界民族之林。因此，习近平总书记指出，要“把培育和弘扬社会主义核心价值观作为凝魂聚气、强基固本的基础工程，继承和发扬中华优秀传统文化和传统美德，广泛开展社会主义核心价值观宣传教育，积极引导人们讲道德、尊道德、守道德，追求高尚的道德理想，不断夯实中国特色社会主义的思想道德基础。”⑬

就社会层面核心价值观“自由、平等、公正、法治”的培育工作来说，在新媒体崛起的社会大背景下，我们要在当代中国人民共同的社会实践基础上形成价值共识，并把培育工作贯穿于社会生活方方面面，切实发挥政策法律的重要导向作用，并做好网络上的培育工作，从而网上网下形成培育和践行“自由、平等、公正、法治”核心价值观的同心圆。

（一）在当代中国人民共同的社会实践基础上形成价值共识

回顾中国历史，近代中华民族遭受的苦难之重、付出的牺牲之大，在世界历史上都是罕见的。历经几代人的上下求索、千辛万苦，中华民族终于在中国共产党的正确领导下，站了起来，掌握了自己的命运，确立了社会主义制度，开始了建设自己国家的伟大进程。改革开放以来，我们又不断总结社会主义建设正面的和反面的经验，在中国特色社会主义道路上实现了从温饱不足到总体小康再向全面小康社会的迈进。

只有创造过辉煌的民族，才会懂得复兴的意义；也只有经历过沉重苦难的民族，才会对民族复兴产生深切的渴望。一代又一代中国人构建美好社会的夙愿，为民族复兴奋斗的艰辛历程，揭示了中华民族的历史命运和当代中国的发展走向，指明了全党全国各族人民共同的奋斗目标。正如习近平总书记指出的："现在，我们比历史上任何时期都更接近中华民族伟大复兴的目标，比历史上任何时期都更有信心、有能力实现这个目标。"[14]

改革开放以来，中国经济的急速发展带来了社会的多元多样多变，为我们这个古老国家和民族注入了空前活力，也在精神价值层面给予人们思想巨大的冲击。面对深刻的社会变革，我们有激动、有振奋，有实现精彩人生的无尽热情，也有困惑、有怅惘，有难以言说的精神迷思。我们不停地思考，什么样的中国，才是我们引以为豪的伟大国家？什么样的社会，才是令人向往的理想家园？什么样的人生，才能让我们拥有内心的安宁和恒久的幸福？

对于人们思想上关于国家、社会、个人发展的这些困惑，习近平总书记深刻指出，社会主义核心价值观从国家、社会、个人三个层面回答了我们要建设什么样的国家、什么样的社会、培育什么样的人。社会主义核心价值观承载着我们民族、我们国家的精神，体现着中国特色社会主义社会评判是非曲直的价值标准。

认识来源于实践，同时又指导着实践。人民群众是社会实践的主体，我们对"自由、平等、公正、法治"社会价值准则的提炼，来源于人民群众的社会实践，也来源于人民群众构建理想社会的热切期待。"自由、平等、公正、法治"是我们党站在新的历史起点上，适应社会新的发展要求，从当代社会发展实践中，概括出的坚持和发展中国特色社会主义社会新探索新实践的价值准则。因此，坚持和发展中国特色社会主义社会，这一当代中国人民共同的社会实践是我们培育社会层面"自由、平等、公正、法治"核心价值观最深厚的土壤。

只有内心真正认同，人民群众在实践中才能自觉践行。我们要注重引导人民群众在坚持和发展中国特色社会主义实践中形成社会价值共识，要在中国特色社会主义实践中提升人民群众对社会层面核心价值观的价值认同。只有做到培育工作与坚持和发展中国特色社会主义社会的实践相结合，我们倡导的社会价值目标、价值取向、价值准则，才能深深植根于人民、生长于社会，被社会成员普遍接受和深刻认同。

只有人民群众把社会层面核心价值导向转化为个人的自觉行动，社会才能真正形成崇德向善的价值风尚，“自由、平等、公正、法治”核心价值观才能真正成为人民群众心灵的罗盘、情感的寄托，我们才能凝结社会期待，把不同身份、不同背景的13亿国民熔铸成一个稳固的价值共同体。

努力营造广大基层干部群众自觉践行社会主义核心价值观的良好氛围，形成崇德向善的价值风尚。图为江西师范大学大学生党员组建的“践行社会主义核心价值观大学生党员宣讲服务团”赴赣州市上犹县水岩乡、宜春市奉新县澡溪乡开展宣讲实践服务

(二)把培育工作贯穿于社会生活方方面面

在对社会层面核心价值观“自由、平等、公正、法治”的培育工作中,我们要像中医看病一样,望闻问切,找准人民群众利益的关注点进行宣传和培育工作,这样,“自由、平等、公正、法治”的培育工作才更有吸引力。如果只重视发展、不讲共同富裕,公众会怎么理解蕴含平等的共享理念?如果办事情都得找关系、打官司也要走后门,老百姓又从何感受平等公正和依法治国?夯实倡导建设“自由、平等、公正、法治”的社会基础,必须关切人们的利益诉求和价值愿望,只有把培育和践行“自由、平等、公正、法治”核心价值观的工作落实、细化到经济发展和社会治理中,形成有利于弘扬“自由、平等、公正、法治”的良好政策导向、法治环境和体制机制,才能进一步增强核心价值观的向心力和感召力。正如习近平总书记所说,“社会主义核心价值观的养成绝非一日之功,要坚持由易到难、由近及远,努力把核心价值观的要求变成日常的行为准则,进而形成自觉奉行的信念理念”。[15]

关于如何把社会主义核心价值观培育工作贯穿于社会生活的方方面面,习近平总书记指出:“一种价值观要真正发挥作用,必须融入社会生活,让人们在实践中感知它、领悟它。要注意把我们所提倡的与人们日常生活紧密联系起来，在落细、落小、落实上下功夫。要按照社会主义核心价值观的基本要求，健全各行各业规章制度，完善市民公约、乡规民约、学生守则等行为准则，使社会主义核心价值观成为人们日常工作生活的基本遵循。要建立和规范一些礼仪制度，组织开展形式多样的纪念庆典活动，传播主流价值，增强人们的认同感和归属感。要把社会主义核心价值观的要求融入各种精神文明创建活动之中，吸引群众广泛参与，推动人们在为家庭谋幸福、为他人送温暖、为社会作贡献的过程中提高精神境界、培育文明风尚。要利用各种时机和场合，形成有利于培育和弘扬社会主义核心价值观的生活情景和社会氛围，使核心价值观的影响像空气一样无所不在、无时不有”。

因此，我们要想切实把社会主义核心价值观贯穿于社会生活的方方面面，就要通过教育引导、舆论宣传、文化熏陶、实践养成、制度保障等措施，使“自由、平等、公正、法治”核心价值观内化为人们的精神追求，外化为人们的自觉行动。

具体来说，就要做好以下几方面工作：

第一，重视发挥榜样的示范作用。榜样的力量是无穷的，广大党员、干部必须带头学习和弘扬“自由、平等、公正、法治”的核心价值观，用自己的模范行为和高尚人格感召群众、带动群众。

第二，要润物细无声，运用各类文化形式，生动具体地表现“自由、平等、公正、法治”的核心价值观，用高质量高水平的文艺作品形象地告诉人们什么是真善美，什么是假恶丑，什么是值得我们的社会肯定和赞扬的，什么是我们的社会必须反对和否定的。

第三，要以社会公信力建设为突破口，以政府公信力、社会公信力、主流意识形态公信力培育为重要抓手，把培育和践行“自由、平等、公正、法治”核心价值观落实到经济发展和社会治理中。

第四，营造形成有利于弘扬“自由、平等、公正、法治”核心价值观的良好政策导向、利益机制和社会环境。围绕“自由、平等、公正、法治”核心价值观的倡导，确立经济发展目标和发展规划，出台经济社会政策和重大改革措施，开展各项生产经营活动。并且要注重经济行为和价值导向有机统一，经济效益和社会效益有机统一，实现市场经济和道德建设良性互动，通过建立、完善相应的政策评估和纠偏机制，防止出现具体政策措施与构建“自由、平等、公正、法治”社会相背离的现象发生。

(三)切实发挥政策法律的重要导向作用

法律法规是推动践行社会主流价值的重要保证和抓手。在对“自由、平等、公正、法治”核心价值观的培育工作中，我们要把构建“自由、平等、公正、法治”社会的要求贯彻到依法治国、依法执政、依法行政实践中，落实到立法、执法、司法、普法和依法治理的方方面面，用法律的权威来增强人们培育和践行社会层面核心价值观的自觉性。

要加强法制宣传教育，培育社会主义法治文化，弘扬社会主义法治精神，增强全社会学法、遵法、守法、用法意识，还要注重把“自由、平等、公正、法治”核心价值观的倡导体现在具体的法律执行中，充分发挥法律的规范、引导、保障、促进作用，要用法律法规来推动社会层面核心价值观建设。要善于通过科学的立法、执法、司法实践推动对“自由、平等、公正、法治”核心价值观的培育和践行，用有效的法律法规、制度机制来规范人们的社会行为，特别是对那些违反构建“自由、平等、公正、法治”社会的行为，要用法律法规进行制止和惩戒，从而发挥法律法规对全社会形成“自由、平等、公正、法治”的核心价值观的保障作用。

在注重用法律法规的约束力来推动社会层面核心价值观建设的同时，还要注重政策保障、制度规范与法律法规相衔接，着力发挥制度政策的导向作用。要具体细化制度政策，使其切实成为社会层面核心价值观的实践载体，融入到人们生产生活和精神世界，切实有效发挥导向性作用。习近平总书记强调，要发挥政策导向作用，使经济、政治、文化、社会等方方面面政策都有利于社会主义核心价值观的培育。各种制度政策要承担起倡导社会层面核心价值观的责任，注重在日常实践中体现价值导向作用，使符合社会层面核心价值观的行为得到鼓励、违背核心价值观的行为受到抵制。此外，在制度政策的制定和执行中，还要形成科学有效的诉求表达机制、利益协调机制、矛盾调处机制、权益保障机制，作为补充。

把培育和践行“自由、平等、公正、法治”核心价值观作为实现国家治理现代化的重要手段，融入社会建设和社会治理工作中。第一，完善激励机制，褒奖善行义举，实现社会治理效能与社会道德氛围提升相互促进的正向效应；第二，加大对社会先进典型、社会道德模范单位和个人的关心和帮助，不仅要给予其舆论上的推崇和道义上的支持，还应当给予物质上的激励和生活上的关心，从而推动全社会形成推崇善行正向机制，形成崇德向善、见贤思齐的社会氛围；第三，加大社会道德、市民公约、村规民约、行业规范的约束效力，在日常社会治理中充分发挥其价值导向作用；第四，把抓社会建设与抓社会治理有效结合起来。弘扬社会正气，就得压住社会邪气。要以社会治理为切入点，集中力量对人们反映强烈的道德领域突出问题进行专项整治。在正向鼓励的同时，对社会上存在的丑恶行为，对那些激起公愤的社会现象，除了借助舆论，必要时还要借助经济手段、法律手段等，予以遏制，加以惩戒；第五，坚持不懈地抓社会各方面关注的社会诚信焦点问题，以及要下大气力解决与人民群众利益切身相关的食品药品安全、社会秩序、公共服务等问题。

（四）网上网下形成同心圆

实现全面建成小康社会、“两个一百年”奋斗目标，实现中华民族伟大复兴中国梦，需要全社会方方面面同心干，需要全国各族人民心往一处想、劲往一处使。我国有13亿多人，如果我们没有共同的社会理想，没有共同的奋斗目标，没有共同的价值观，整天乱哄哄的，那么什么事也办不成。如果弄成那样一个局面，既不符合人民的利益，也不符合国家的利益。

作为20世纪最伟大的发明之一，互联网把世界变成了“地球村”，创造了一个虚拟的网络社会。在这个由分散在不同地理位置的电脑组成的网络社会里，信息资源已经实现了海量汇聚、全球化共享，这里是现实中的人们交换信息、表达观念和交流思想的重要平台。基于网络社会崛起的社会大背景，我们要重视并善于运用网络，做好网上社会层面核心价值观培育工作，网上网下形成同心圆。

利用好互联网，做好社会层面核心价值观“自由、平等、公正、法治”的培育工作，我们需要把握好以下几点：

第一，要借助网络的力量来了解和把握社会问题。习近平总书记指出,“古人说:‘知屋漏者在宇下,知政失者在草野。’很多网民称自己为‘草根’,那网络就是现在的一个‘草野’。网民来自老百姓,老百姓上了网,民意也就上了网。群众在哪儿,我们的领导干部就要到哪儿去,不然怎么联系群众呢?各级党政机关和领导干部要学会通过网络走群众路线,经常上网看看,潜潜水、聊聊天、发发声,了解群众所思所愿,收集好想法好建议,积极回应网民关切、解疑释惑。善于运用网络了解民意、开展工作,是新形势下领导干部做好工作的基本功。各级干部特别是领导干部一定要不断提高这项本领”。[16]因此,要把网络民意作为社会民意的风向标,借助网络民意来了解人民群众的需要、倾听他们的呼声。要努力使互联网成为我们同群众交流沟通的新平台,成为了解群众、贴近群众、为群众排忧解难的新途径。

第二,要积极发挥互联网监督作用。对于如何发挥网络的积极作用,习近平总书记多次强调,发挥互联网舆论监督作用是把权力关进制度的笼子里的一个重要手段。积极发挥互联网舆论监督作用,要形成良好的网上舆论氛围。但是,这并不是说网络上只能有一个声音、一个调子。而是说,广大网民不能因为网络空间的虚拟性,以及网络犯规、犯法的低成本,在网络上搬弄是非、颠倒黑白、造谣生事、违法犯罪。网络活动不能超越了宪法法律界限。

当然，也要看到网民大多数是普通群众，来自四面八方，知识眼界不一样，各自经历不同，观点和想法也是五花八门，不能要求他们对所有问题都看得那么准、说得那么对。对于广大网民的观点和建议，要多一些包容和耐心。习近平总书记指出："对网上那些出于善意的批评，对互联网监督，不论是对党和政府工作提的还是对领导干部个人提的，不论是和风细雨的还是忠言逆耳的，我们不仅要欢迎，而且要认真研究和吸取"。[17]要努力使互联网成为中国特色社会主义社会发扬人民民主、接受人民监督的新渠道。

除了对那些建设性的意见要及时吸纳，对网民的困难要及时帮助，我们对不了解情况的网民还要及时做好社会层面核心价值观的阐释和宣传工作：关于自由、平等、公正、法治等问题，特别是对网民关于"普世价值""宪政"等概念的模糊认识要及时廓清；对网民关于社会公平公正问题的怨气怨言要及时进行化解；对网民有关改革发展、依法治国等问题的错误看法要及时引导和纠正。

第三，要做好网络环境治理工作。网络空间与现实社会一样，提倡自由，但更要遵守秩序。因为，网络空间存在虚拟性的特征，弱化了道德规范的约束作用，网络用户匿名性容易导致人格的异化，这些决定了网络空间要想风清气正，对秩序的要求标准更高。特别是自 2011 年微信面世以来，微信的低门槛化、便捷化、免费化，独有的语音功能使得微信用户数量猛增，而微信独特的私人化社交网络极易造就影响力强大的“意见领袖”，这些使得在微信使用中，造谣、诽谤、欺诈、侵犯个人隐私等问题层出不穷，给微信用户和社会带来不同程度的烦扰。除了这些不利影响，还有不法之徒利用微信组织吸毒、卖淫嫖娼等违法犯罪活动。因此，净化网络环境、保障网络用户的自由权益，加大对网络社会的监管势在必行。

2015 年 9 月 22 日，习近平总书记在对美国进行国事访问前接受了《华尔街日报》的书面采访。采访中，针对近些年我国政府出台的互联网管制相关政策和法律，《华尔街日报》提到，“中国政府近年来对互联网相关政策和法律进行了调整和强化，出台了很多针对互联网的言论，尤其是在社交媒体上发表言论的禁令”，表达了对互联网活动是否会受到限制的担忧。

对此，习近平总书记明确指出，网络这块“新疆域”不是“法外之地”，网络空间同现实社会一样，要讲法治，要维护国家主权、安全、发展利益，既要提倡自由，也要保持秩序，提倡自由和遵守秩序并行不悖。自由是秩序的目的，秩序是自由的保障。因为，“网络空间是亿万民众共同的精神家园。网络空间天朗气清、生态良好，符合人民利益。网络空间乌烟瘴气、生态恶化，不符合人民利益。谁都不愿生活在一个充斥着虚假、诈骗、攻击、谩骂、恐怖、色情、暴力的空间。互联网不是法外之地。利用网络鼓吹推翻国家政权，煽动宗教极端主义，宣扬民族分裂思想，教唆暴力恐怖活动等，这样的行为要坚决制止和打击，决不能任其大行其道。利用网络进行欺诈活动，散布色情材料，进行人身攻击，兜售非法物品等，这样的言行也要坚决管控，决不能任其大行其道。没有哪个国家会允许这样的行为泛滥开来”。[18]

要本着对社会负责、对人民负责的态度，依法加强网络空间治理，推进网络法制建设，依托互联网信息技术手段，规范网上信息传播秩序，整治网络淫秽色情和低俗信息，打击网络谣言和违法犯罪，使网络空间清朗起来，营造“自由、平等、公正、法治”的网络社会氛围。

第四，建设社会层面“自由、平等、公正、法治”核心价值观的网上传播阵地。在新媒体崛起的背景下，要善于运用网络传播思维和规律，把“自由、平等、公正、法治”核心价值观的培育融入到网络宣传、网络文化、网络服务中。要加强网络内容建设，创作适于新兴媒体传播、格调健康的网络文化作品，用弘扬“自由、平等、公正、法治”核心价值观的主流舆论和先进文化产品占领网络阵地；要做强网上对“自由、平等、公正、法治”核心价值观的正面宣传，培育积极健康、向上向善的网络文化，用人类优秀文明成果和“自由、平等、公正、法治”核心价值观滋养人心、滋养社会，做到正能量充沛、主旋律高昂，为广大网民特别是青少年营造一个风清气正的网络空间；要依托重点新闻网站，集聚网上倡导营造“自由、平等、公正、法治”社会的舆论引导合力；回应网民关切的社会热点问题，做好重大信息网上发布。

通过以上举措，建设并发挥好社会层面“自由、平等、公正、法治”核心价值观的网上传播阵地，主动有效地做好社会层面核心价值观的网上培育工作，网上网下形成构建“自由、平等、公正、法治”社会的同心圆。

注释

①③⑧当前我国文化领域多元、多样、多变的特点和规律[J/OL].(2012-03-29).http://www.china.com.cn/guoqing/2012-03/29/content_25015934.htm.

②中共中央宣传部.习近平总书记系列重要讲话读本[M].北京：学习出版社，人民出版社，2016:75.

④中共中央宣传部理论局.六个“为什么”——对几个重大问题的回答[M].北京：学习出版社，2009:19.

⑤刘书林.培育社会主义核心价值观的基本原则[J].思想理论教育，2013(3).

⑥⑨⑩樊浩等.中国大众意识形态报告[M].北京：中

国社会科学出版社,2012:2,65,4.

⑦习近平.青年要自觉践行社会主义核心价值观——在北京大学师生座谈会上的讲话[N].人民日报,2014-05-05(2).

⑬⑮习近平.习近平谈治国理政[M].北京:外文出版社,2014:163,164.

⑭中共中央宣传部.习近平总书记系列重要讲话读本[M].北京:学习出版社,人民出版社,2016:7.

⑯⑰⑱习近平.在网络安全和信息化工作座谈会上的讲话[N].人民日报,2016-04-26(2).

参考文献

1. 习近平.习近平谈治国理政[M].北京:外文出版社,2014.

2. 中共中央宣传部.习近平总书记系列重要讲话读本[M].北京:学习出版社、人民出版社,2014.

3.中共中央宣传部.习近平总书记系列重要讲话读本[M].北京:学习出版社,人民出版社,2016.

4.中共中央文献研究室.习近平总书记重要讲话文章选编[M].北京:中央文献出版社,党建读物出版社,2016.

5. 马克思,恩格斯.马克思恩格斯选集:1—4 册[M].北京:人民出版社,2012.

6.列宁.列宁选集:1—4 册[M].北京:人民出版社,2012.

7.关于建国以来党的若干历史问题的决议[M].北京:中共党史出版社,2010.

8.沙健孙.1921—1949—中国共产党史稿:全五卷[M].中央文献出版社,2006.

9.中共中央文件选集:第一卷[M].中共中央党史出版社,1989.

10.吴晓云.社会主义核心价值观.关键词.平等[M].北京:中国人民大学出版社,2015.

11.王葎.社会主义核心价值观.关键词.公正[M].北京:中国人民大学出版社,2015.

12.韩震,严育.社会主义核心价值观.关键词.法治[M].北京:中国人民大学出版社.2015.

13.吴玉军.社会主义核心价值观.关键词.自由[M].北京:中国人民大学出版社,2015.

14.樊浩等.中国大众意识形态报告[M].北京:中国社会科学出版社,2012.

15.樊浩等.中国伦理道德报告[M].北京:中国社会科学出版社,2012.

16.中共中央宣传部理论局.法治热点面对面[M].北京:学习出版社,人民出版社,2015.

17.曹雅欣.国学与社会主义核心价值观[M].北京:光明日报出版社,2015.

18.鄢一龙,白钢,章永乐,欧树军,何建宇,等.大道之行:中国共产党与中国社会主义[M].北京:中国人民大学出版社,2015.

19.郭建宁.社会主义核心价值观基本内容释义[M].

北京:人民出版社,2015.

20.刘瑜.民主的细节[M].上海:上海三联书店,2009.

21.鲁迅.鲁迅全集:18 卷本[M].北京:人民文学出版社,2005.

22.中国近现代史纲要[M].北京:高等教育出版社,2013.

23. 曹雅欣.国学与社会主义核心价值观[M].北京:光明日报出版社,2015.

24.韩毓海.一篇读罢头飞雪,重读马克思[M].北京:中信出版社,2014.

25.[清]王聘珍,王文锦 点校.大戴礼记解诂[M].中华书局,1983.

后　记

当2017年新年的钟声即将敲响之际,《我们的核心价值观》丛书终于完成了。可以说,这套丛书是伴随着2016年年终的脚步画上句号的。

“革命理想高于天。”2016年5月,习近平总书记在哲学社会科学工作座谈会上的讲话中说:“新形势下,我国哲学社会科学地位更加重要、任务更加繁重。面对社会思想观念和价值取向日趋活跃、主流和非主流同时并存、社会思潮纷纭激荡的新形势,如何巩固马克思主义在意识形态领域的指导地位,培育和践行社会主义核心价值观,巩固全党全国各族人民团结奋斗的共同思想基础,迫切需要哲学社会科学更好发挥作用。”当《我们的核心价值观》丛书即将付梓之际,重温总书记的讲话,我们倍感亲切,深受鼓舞;回顾一年来的写作历程,心潮澎湃起伏,久久不能平静。

2015年秋季的某一天,我们接到黄山书社马磊同志的电话,说是在中国社会科学杂志社副总编辑、《历史研究》

主编、中国社会科学网总编辑李红岩研究员的极力推荐下，希望由我们主编一套关于阐述社会主义核心价值观的丛书。具体要求是根据党的十八大以来形势的新发展，以习近平总书记系列重要讲话精神为指导，站在时代的制高点上，写出具有新的时代特点的通俗理论读物，且具有较高质量和水平。当时，赵智奎研究员感到很为难。因为他知道，撰写通俗理论读物往往是吃力又费时的差事。这不仅需要作者具有轻松驾驭文字的能力，更主要的是能将复杂深奥甚至是晦涩的理论深入浅出地表达出来，通俗易懂、便于理解。而后者，没有相当的理论功力，是很难做到的。往往初始信心满满，结果却不尽如人意。就在他考虑婉拒之时，李红岩研究员的电话打来了。他说了一些关于学术理论界研究和阐述中国特色社会主义理想信念和社会思潮的状况，特别提到撰写社会主义核心价值观通俗读本的重要现实意义。

我们都被李红岩研究员感动了。不单是因为那些鼓励的话语，更重要的是因为他那马克思主义史学专家的胸怀和担当精神。我们作为马克思主义专业理论工作者，理所当然地都要学习和拥有这种担当精神！于是，我们接受了这项任务，赵智奎研究员与在中国社会科学院工作和学习的3位青年学者成立了一个撰写社会主义核心价值观丛书的小组。赵智奎任丛书主编，撰写《总论篇》和丛书总序；齐冰撰写《国家篇》；郑建撰写《社会篇》；王永磊撰写《公民篇》。

众所周知，多年以来，围绕“社会主义核心价值体系”和“社会主义核心价值观”，思想理论界推出的成果并不少。那么，在众多成果中，我们这套丛书的特点与亮点又体现在哪里呢？依照设计，我们将习近平总书记系列重要讲话精神作为本书的指导思想，力图结合十八大以来以习近平同志为核心的党中央治国理政的新理念新思想新战略，对社会主义核心价值观进行具有新的时代特点与高度的系统阐释。这就是我们希望本丛书能够达到和具有的特点与亮点。

“一分耕耘一分收获”，“功夫不负有心人”。一年来，在中国社会科学院马克思主义研究院和中国社会科学杂志社的大力支持和帮助下，我们撰写小组齐心协力，在比较充分占有资料的基础上，当然也是站在该领域许多专家学者的肩上，汲取了他们的学术成果和宝贵经验，经过多次讨论，数易其稿，终于完成了丛书写作任务。

这里，我们要再次特别感谢李红岩研究员，没有他的支持和鼓励，这套丛书是很难顺利完成的。我们还要感谢中宣部思想政治工作研究所副所长戴木才研究员、清华大学马克思主义学院副院长肖贵清教授、北京大学马克思主义学院原院长郭建宁教授、安徽出版集团林清发总编辑，感谢他们审阅全书并提出宝贵的修改意见。我们也要感谢黄山书社的副社长马磊同志、编辑高杨同志，感谢他们不辞辛苦，多次往返于北京和安徽两地，还搜集了许多出版物和资料寄给撰写小组作参考，使我们受益良多。

诚然，我们深知本丛书一定还存在着某些不足。我们热切地期待广大读者的反馈，希望倾听到理论界专家和学者的批评指正。最后，让我们共同为培育和宣传社会主义核心价值观做好本职工作；理论联系实际，结合世情、国情、党情特别是改革开放活生生的伟大实践，通俗地阐述社会主义核心价值观，脚踏实地践行社会主义核心价值观，努力贡献我们的全部力量！

赵智奎　齐冰　郑建　王永磊

2016年12月30日于北京